国家出版基金项目
NATIONAL PUBLICATION FOUNDATION

車動馬喧

江南风俗图录

行旅交通卷

舟车经纬的水陆千秋

第4卷

Illustrated Chronicles of
Jiangnan Customs

- Vol. 4 -

Rumbling Carts
and Hustling Horses

仲富兰 著

上海辭書出版社

江南风俗图录·第4卷·车动马喧

本书为《江南风俗图录（1840—1949）》分卷之一。整套书随附别册，内容涵盖《江南风俗图录》全书总览及各分卷简介、十卷本内在关联分析与跨学科阐释、与仲富兰民俗学研究脉络的勾连、核心参考文献汇释、仲富兰民俗文化学学术著述系年，另收录总序、后记等文稿。为便于读者共享别册内容，上海辞书出版社公众号设“《江南风俗图录》别册”专题，供各界参阅。

辞书微信公众号二维码

“十四五”国家重点出版物出版规划项目

国家出版基金资助项目

上海文化发展基金会图书出版专项基金资助项目

仲富兰

当代民俗学家。上海人。毕业于复旦大学哲学系。华东师范大学教授、博士生导师，上海市民俗文化学会创始会长及名誉会长，中国民俗文化学科的开拓者和奠基人。1986年至今已出版《中国民俗文化学导论》、《中国民俗学通论》（三卷本）、《上海六千年》（三卷本）、《图说中国近百年社会变迁》（四卷本）、《民俗传播学》、《江南风俗与信仰》、《上海民俗——民俗文化视野下的上海日常生活》、《上海小史》、《节日里的中国》、《图说中国人生礼仪》等50多部著述，部分被译为英、俄、日、韩等国文字在国外出版。承担“十四五”国家重点出版物出版规划项目《江南风俗图录（1840—1949）》（全十卷）及上海市相关文创研究课题。2019年起主编《民俗掌故日历》（上海辞书出版社，至今共计7版）。另有大量论文和文章散见于海内外报章期刊。

Zhong Fulan

A contemporary folklorist from Shanghai. He graduated from the Department of Philosophy at Fudan University and is currently a professor and doctoral supervisor at East China Normal University. He is the founding president and honorary president of the Shanghai Society of Folk Culture Studies, and a pioneering and foundational figure in the academic field of Chinese folk culture.

He has published over 50 works since 1986, including *An Introduction to Chinese Folklore*, *General Theory of Chinese Folk Culture* (three volumes), *Six Thousand Years of Shanghai* (three volumes), *Illustrated History of Social Changes in Modern China* (four volumes), *Folklore Communication Studies*, *Jiangnan Customs and Beliefs, Shanghai Folkloristics: Daily Life in Shanghai through the Lens of Folk Culture*, *A Brief History of Shanghai*, *China in Its Festivals*, and *An Illustrated Guide to Chinese Rites of Passage*. Several of these have been translated into English, Russian, Japanese, Korean, and other languages for international publication.

He is leading a major national publishing project under the 14th Five-Year Plan: Illustrated Chronicles of *Jiangnan Customs (1840–1949)* (ten volumes), as well as related cultural and creative research initiatives in Shanghai. Since 2019, he has served as editor-in-chief of *The Almanac of Folk Culture and Anecdotes* (Shanghai Lexicographical Publishing House), which has been released seven editions to date. His numerous papers and articles have appeared in newspapers and journals both in China and abroad.

光影铭沧桑

图卷展风华

目录

第六章

物流行业建设与旅游发展

193

第七章

振兴中的邮电通信业

227

概述

伴随着近代中国出现的“三千年未有之大变局”，作为社会生产和人们生活的最基本内容之一，传统以自然力为特征的旧式交通出现了巨变，代之而起的是向着以机械力为特征的新式交通转变。近代，以畜力和人力为主要特征的出行工具相继式微，沿山沿水的传统道路，逐步为铁路公路所取代，小地域的局面被打破，市场随之重组，人流、物流的方向发生改变，自然形成的小农经济贸易格局开始瓦解。新式交通出现在江南水网平原地带，突破了以“乡脚”为空间基础和“日中为市”、早出晚归为时间基础的地域限制，改变了日常生活中的时空结构。

一、新式交通对江南交通网络的巨大改变

最先出现在中国沿海通商口岸的是外国轮船，江南拥有得天独厚的水运条件，只要水体深度、宽度、落差等符合一定的要求，船舶就能通行无阻。因此，在长距离交通运输中，轮船水运是近代新式交通中首先发展起来的主要形式。

近代江南的铁路修筑，始于1876年由英商投资建成的吴淞铁路。辛亥革命胜利的隆隆炮声，把江南铁路带入了民国时代，当时设立了铁道部，颁布了《铁道法》，陆续收回路权，实行铁路国有，铁路建设和物流运输有了新的转机。1927年至1937年的10年间，运营里程增长较快；但是，动荡不安的社会环境使中国铁路发展整体滞缓不前，整个大江南地区，铁路艰难延伸，徘徊前行。

铁路、公路的出现，一改千百年来江南交通以水运为主的基本格局，交通的进步给人们生活带来的最大便利是人流和物流时间的缩短。20世纪初沪宁铁路、沪杭甬铁路的修建，特别是30年代浙赣铁路、京赣铁路的建成，新式交通线由沿海地区向内陆腹地深入，从而改变了自古以来交通线路沿山沿水的自然走向，初步形成了一个连接环太湖、长江、钱塘江、沿海四大区域的环型交通圈。

民国时期，江南地区也开启了航空新模式，拥有南京、上海、杭州为主要节点的民用航空、民用机场与民用航线。1936年，中航航班总里程已超5 000千米，营运乘客量翻了将近7倍。机组乘员由泛美航空调来的美籍飞行员与中国飞行员共同担任。航线覆盖东南沿海、长江沿岸，在当时的东亚地区首屈一指。

近代新式交通克服了大山、大河、大海等自然条件的限制，可以促进经济融通、人文交流。通过新式交通搭建的网络，将人流、物流、财富流带到天涯海角，四面八方。

二、近代公路和铁路交通事业的兴起

近代化的道路建设开始于一些重要的商埠、城市，在新崛起的上海发其端，影响并带动了其他城市，起到了示范与榜样的作用。

道路建设的近代化。上海作为全国设立租界最早的城市，1846年即已开始租界筑路。在租界初期，所筑道路大都因陋就简，质量欠佳。此后随着华洋杂居局面的形成，租界内人口剧增，市面日趋繁华，对道路建设提出了新的要求，使道路建设逐渐纳入正规。从那时起，路面铺筑由土沙而碎砖，而煤渣，再向小方石、沥青、水泥混凝土发展，路幅也由狭窄而不断增宽，以适应交通发展的需要。

租界道路建设，给华界以很大的触动。1896年上海县城出现第一个市政机关上海马路工程总局，致力于改观县城道路系统。经过十几年的努力，到民国时，一些砖石杂砌路、砖路、砖石泥路、泥路、淤浜、臭秽小浜及浜边小路，先后筑成石片、石板马路，计有170余条。

道路建设的近代化，与交通工具的改进互相促进，新式马车和人力车引进后，原有碎石路面加铺了煤渣；有轨电车的行驶，必须在其路轨两侧铺砌小方石或浇筑混凝土；小汽车、公车汽车的出现，又必须有平整坚实的路面供其行驶。正是由于汽车的引进，引发了中国道路建设的一场革命，适应汽车行驶的近代化公路在神州大地开始修建。

1927年南京国民政府成立后，为改变原有公路交通以省为界、省自为政的状况，积极规划修建省际公路，成绩显著。抗日战争胜利后，国民政府力图整治修复原有全国道路网络，也取得了一些成效。

铁路从初创到推广全国。铁路于1825年创行于英国，随后有关铁路、火车的知识开始传入中国。晚清政府对于铁路的建设，经历了因无知而踌躇，由犹豫到“毅然兴办”的转变。1874年，英商怡和洋行以上海商务日益繁盛，而上海离吴淞口太远、船只出入不便为理由，请准地方当局在沪淞之间辟筑铁路，方便交通。随即自行成立淞沪铁路公司，收购沿线土地修筑路基。淞沪铁路用了两年时间建成，1876年7月1日举行开车典礼，是为中国有铁路的开始。

中国有史以来，第一次火车通行的日子，那是多么令人兴奋和陶醉的情景啊！当时有报章记载，游人如潮，“坐车者尽面带喜色，旁观者亦皆喝彩”，“游铁路”已成为一件大事，就连终年不出门的城内人也以一睹为快。不过好景不长，仅过一个月，因一次偶然的事故——有一个士兵在路轨上行走被火车撞倒致死，引发了周围乡民的恐惧，也引起中英双方交涉，议定再准营运一年，尔后于1877年10月被大清朝廷购回拆除。其间，上海、江湾、吴淞三处商民因沿路地产大增、商务发达，曾公禀两江总督准予铁路继续办理而未果。可见，一个新生事物的出现和成长，总是异常艰难。

直至1889年，清政府又“毅然兴办”铁路，但举借外债后权利丧失的代价很大，在全国引起巨大反响。1904年由粤汉路而起，旋迅速蔓延全国，形成各省主张拒外债、废成约，收回自办铁路的高潮。清政府迫于舆论，通令以后不再举借外债兴筑铁路，由此各省官商自办的铁路纷纷出现，是为“省办铁路”或“商办铁路”。不过，商办铁路由于集股困难，既无实力，又无经验，进展缓慢。为此，清政府谋议再筹借巨款筑路，将所有铁路干线一并收归国有。1911年签订汉粤川铁路四国（英美法德）银行团借款合同，取消商办，实际又把铁路修筑权拱手让给英法等列强，由此酿成四川保路运动，不久清政府覆亡。

民初政潮迭起，加之第一次世界大战发生后借款之途断绝，铁路建设进展迟缓。

三、轮船航运和民用航空业的兴办

轮船航运业的勃兴。轮船运输的核心是速度。江南早期轮船运输，都是在已有的天然航道和人工运河的基础上发展起来的。因其投资较少，收效较大，在近代江南地区也是得到最大发展的新式交通事业。据1932年6月国民政府交通部报告，江南地区注册的船舶共有1 840艘，337 699吨，分别占全国的39%和54.34%。20世纪

30年代，轮船运输在江南内河航运、近海航运达到普及程度；并且与欧美、日本、朝鲜、东南亚，以及海参崴（符拉迪沃斯托克）等地，还有不定期的轮船往来。

1914年7月第一次世界大战爆发，各国在华航运轮船纷纷回国，给中国民族轮船航运的发展有了喘息的机会，其标志，就是建成了一批较具规模的民族大中型轮船企业和集团，江南以虞洽卿主持创办的三北轮埠公司为翘楚，开创了民族资本涉足江、海主要航线的新局面。但第一次世界大战结束后外国航运势力又汹汹东归，中国轮船航运业再度受其排挤而步履维艰。

南京国民政府建立后，首先在机构设置与职能上规定交通部管理和经营路政、电政、邮政、航政并监督民营交通事业。国民政府1930年从外国列强手中收回部分长江航政管理权，1931年11月在南京港设置了上海航政局南京航政办事处；1928年6月国民政府交通部开始筹办民用航空，此后通过与美商合作等方式，先后成立中国航空公司、中央航空公司等，推动了民用航空事业的发展。

民航事业的起步。1903年，美国自行车工人莱特兄弟研制成世界上第一架成功飞行的飞机，掀开了人类航空史上的新纪元。此后，不少外国飞行家带着飞机来华做飞行表演，一些在海外研究飞机的华裔留学生也先后回国报效祖国。前者如法国飞行家环龙，1911年1月前来上海，数次在江湾跑马场作成功的飞行表演，不料5月6日在租界跑马厅作表演时，坠机身亡。后者如我国第一飞行家、飞机制造家冯如早年赴美学习谋生，经过刻苦努力，1909年9月，冯如自制的飞机终于试飞成功。1911年3月，冯如带着两架自制飞机回国。1912年秋，在广州燕塘做飞行表演时，坠机牺牲。他们的事迹，都为中国航空业的起步起到了重要的激励作用。

中国航空业的起步始于军事飞行训练。1913年9月，北洋政府参谋本部在北京南苑创立中国第一个正规的航空学校，为建立空军作准备。至1917年5月，该校先后有二期共83名飞行人员毕业。1918年，北洋政府在交通部设立筹办航空事宜处。1919年，在国务院下设航空办事处，掌管全国航空事务，该办事处旋接管南苑航空学校。1920年，接收航空事宜处，翌年改组为航空署。

南京国民政府时期，民航事业发展有了一些起色。1928年6月，交通部拨款筹办民航事业，从沪蓉线入手，设沪蓉航空管理处，1929年首先开辟沪宁段。同年春，铁道部与美商合办中国航空公司，特许经营沪蓉、沪粤、沪平三线，于10月完成沪蓉线沪汉段首航。1930年由交通部与美商重订合同，中国航空公司名称不变，合并沪蓉航空管理处，接着开辟沪平、沪粤、渝昆线及从广州到越南河内的国际航线。1931年，交通部又与德商合办欧亚航空公司，经营由中国通往柏林的欧亚航运。至此，初步形成覆盖大半个中国的航空网。

全民族抗日战争时期，中国航空公司内迁重庆，欧亚航空公司内迁昆明，向西南地区求发展。1939年，中苏签约合资组成中苏航空公司，开辟哈密至苏联阿拉木图的航线。1941年，中德绝交，欧亚航空公司转为国营。1943年，改组为中央航空公司。抗日战争胜利后，中国航空公司、中央航空公司两家公司得到较大发展。

四、物流行业发展与旅游业兴起

物流行业发展。物流活动作为一种社会经济活动，伴随着人类社会商品经济活动的产生而存在。历史上著名的“丝绸之路”“茶马古道”等古代贸易通道，从仓储到运输，从运输到装卸，从装卸到配送，早期的商人自己难以应对需要运输的货量，就开始雇用他人，使用其他资源，如马帮、漕帮、驼队等。这个时候，符合商业逻辑的物流体系就初步诞生了。

自古以来江南运河与天然的江河湖海，形成了四通八达的水运交通网络，奠定了水乡泽国的自然与人文生态。鸦片战争后，西方列强在江南船运的势力迅速扩张，从19世纪60年代开始，这种新式的航运物流方式在中国替代了传统的木船运输业，带动了一系列物流配套产业的兴起。

1862年，第一家美国轮船航运公司——旗昌轮船公司在上海设立，众多轮船航运公司相继设立。这些航运公司经营我国沿海、远洋、长江、黑龙江及珠江三角洲等主要地区的航运业务，建立起主要以上海、香港为中心的航运网。1872年，清政府创办了我国最早的轮船航运公司轮船招商局。这一时期轮船业的发展成为近代中国物流方式变革的开端。

最早的仓储业，寄附于“邸店”，既具备商品寄存功能，又兼备旅店功能。由于商品经济的限制，邸店规模一般都较小。中国虽然已经出现了各种各样的仓库，但大都附属于大行号，其性质属行业仓库一类。如粮库、茧行的蚕库、药行的药材仓库等。鸦片战争之后，随着轮船航运业的兴起，尤其到了19世纪六七十年代以后，码头仓储业开始繁荣起来。据记载，到1884年，轮船招商局经营的仓储业务红红火火地开展起来。当时商业仓库叫作“堆栈”，指堆存和保管物品的场地和设备，有码头堆栈、铁路堆栈、保管堆栈、厂号堆栈、金融堆栈和海关堆栈等6类。仓库中大量的装卸、搬运、堆码、计量等作业，出现了极少量的机械设备，但一般都是由人工作业完成的。因此，仓库不仅占用了大量的劳动力，而且工人们的劳动强度大、劳动条件相当恶劣。

由于轮船水运与铁路的投资巨大，而公路的建设造价低，较易于延伸向广大内陆腹地，适于为轮船水运和铁路运输进行客货的集中与疏散。随着公路建设的兴起，公路运输也开始向以机械为动力的汽车运输转换。这个时期，人力、畜力运输和汽车运输共同组成了公路物流运输体系。

汽车作为中国城市的营业用物流运输工具，始于1907年。随着中国民间工商业的发展，汽车运输引起了中国商人的注意，开始向国外订购汽车，在城市经营起运输业务。从此，汽车运输作为一个新兴的陆路运输行业在各地纷纷兴起。

近代旅游业的产生和发展。19世纪种种交通事业的进步，催生出组织旅游的专业机构——以盈利为目的，既给旅客提供交通票据，又提供和他们旅行有关的各种服务的旅行社，标志着世界旅游业进入了近代时期。至20世纪初叶，英国通济隆旅行社、法国万国车票公司、美国运通银行、苏联国营旅行社、日本国际观光局陆续在上海、香港等地设立分支机构，给中国近代旅游业的产生以重大影响。

1923年8月1日，国人自办的首家旅行服务机构——上海商业储蓄银行旅行部在上海宁波路50号该银行大楼正式成立，第二年又迁至四川路420号。旅行部以上缀黄色“旅”字的蓝边五角红星为标志，表示导引行旅的责任，还在该银行苏州、杭州分行设立旅行部业务柜台。1927年6月1日，旅行部自立门户，改组为中国旅行社，开中国人自办旅行社的先河。

从1931年至1937年，在交通线不断开辟、旅行者日益增多的情况下，中国旅行社业务发展迅速，为抗日战争后方的行旅提供服务。

中国旅行社奉行“服务社会，便利行旅”的宗旨，以“人争近利，我图远功，人嫌细微，我宁繁琐”的服务态度招徕顾客，“扩大服务之范围”“以提倡中国旅行事业为己任”，确立“发扬国光、服务行旅、阐扬名胜、改进食宿、致力货运、推进文化”24字方针。举凡代办票证、代运行李、代办关务、代理汇兑、代管食宿、开辟专线、导游宣传、连接国际旅游业，都成了它的业务范围。继中国旅行社创办之后，各大城市有识之士纷起仿效，各种名义的旅行团体纷纷出现，“借假日的休闲，作游览名胜古迹与实地考察风土人情的旅行”，推动了近代旅游业的发展。

五、步履蹒跚的邮电通信业

1861年初，英国政府香港邮政总局与英驻沪领事达成协议，在南京路领事署内设立邮政代办所（The British Post Office），由一名副领事负责英侨的邮递业务，成为最早在上海设立的客邮，又称“大英书信馆”，初创于汉口路外滩。其他西方各国也都在上海设立类似客邮机构，1863年位于洋泾浜（今延安路）沿岸马路的法国书信馆正式开始工作；美国书信馆设立于1876年，称为“美领事馆邮务代办”；德国书信馆于1886年设立于德国在华总领事馆内；1876年5月，日本书信馆也设立于日本驻华总领事馆内。但后来这些客邮机构大都随着大英书信馆的关闭而关闭。

近代中国邮政按照英美邮政体系建立起来后，通过国家权力裁撤了驿站、民信局和客邮，又通过邮政网点和邮票等方式扩大和强化民众对国家的认知，新交通部成立后，大力推进了电信事业的健康发展。在交通部之下，设置了电政、邮政、路政、航政4个司，负责管理全国铁路、邮政、电政、航政等事务。1927年4月18日，国民政府定都南京。次年12月29日，张学良宣布东北易帜，国家终于实现了形式上的统一。南京国民政府成立后，设立了新的交通部，隶属于行政院。新交通部的职责，包括管理和运营全国铁路、公路、航空、电信、邮政等公共事业。一方面设立电政司，重新规划电政管辖区域，指导各地电信局架构建设，委派专家担任业务管理职位；另一方面成立专业委员会研究制定电信技术标准，编写技术规范。

在交通部的努力下，全国无线电台和广播电台从无序变有序，逐渐进入了正常的发展轨道。全国电报电话网络建设，也进入了一个新的高潮。1931年至1934年，上海、南京、天津、青岛、广州、杭州、汉口等城市陆续开办市内自动电话局。山东、江苏、浙江、安徽、河北、湖南等省也先后开办省内长途电话业务。在此基础上，1934年1月起，民国政府交通部计划建设江苏、浙江、安徽、江西、湖北、湖南、河南、山东、河北等9省联络长途电话线路，这一工程于1936年2月基本完成。

1937年，七七事变发生，全民族抗日战争爆发，中国迎来了更剧烈的动荡局势。通信网络建设和服务，也全面进入了战时状态。为了反抗日本帝国主义的侵略，为全国抗日战场提供更可靠的通信服务，国民政府交通部制定了战时电信管理机制，成立了战时电信委员会，组建了数量众多的通信队，派往各地进行通信保障支持。这些通信队的成员，为抗日战争的胜利做出了巨大的贡献，甚至很多人为之付出了生命的代价。

第一章

传统出行代步工具的变化

古代社会生产力低下，社会生活节奏缓慢，最初出行主要靠步行，“千里之行，始于足下”，山高路远，道路崎岖，出行方式很受限制。如鲁迅所说：“其实地上原本没有路，走的人多了，也便成了路。”《故乡》无论是外出经商，还是奔赴功名前程，人们背着箱笼，跋山涉水，一路上风餐露宿，日晒雨淋，真是饱尝辛苦，历经艰险，所以许多人总是将出行视为畏途。

中国民间一直有鲁班造车的传说，其实，关于“车”的起源，先秦就有夏禹、黄帝、伏羲等造车的多种说法。战国时期的文献《世本·作篇》中提出“奚仲作车”，传说他把车轮从实心变成了空心的有辐条的轮子，所以奚仲也被誉为华夏文明造车的鼻祖。在畜力与车结合以后，出现了比较原始的牛车、驴车、骡车等交通工具。

古代出行大致经历了从乘车、骑马再到乘轿的过程。轿子比较完备的定型出现在宋代，它是一种靠人或畜扛、载而行，供人乘坐的交通工具，曾在东西方各国广泛流行。1843年上海开埠之后，租界里的外国侨民增多，各种西式马车应运而生，有双轮、四轮者，有一马、双马者，其式随意构造。此外，原本在乡间载物的独轮车在城市里盛行起来，资费低廉，并且渐成风气，也适应了一般平民代步或运物之需求。

19世纪70年代，从日本传来的东洋车（人力车），很快就淘汰了独轮车。人力车在引入上海之初，为了吸引更多的顾客乘坐，许多人力车车行将车身涂成了黄色。久而久之，上海人都习惯称它为“黄包车”。20世纪二三十年代，黄包车成为上海主要交通工具。至于全民族抗战以后出现的脚踏三轮车，实际上就是黄包车的升级版。

近代中国，城市“公共交通的革命”首先由人力车开始。真正代表交通出行革命性变化的则是汽车进入中国。1901年，匈牙利人李恩时将两辆由美国奥兹莫比公司生产的汽车引进上海公共租界，顿时引起轰动。中国人第一次看到了一种不用人力或畜力就能飞奔的车子。此后几年间，上海街头行驶的汽车逐渐多了起来。1908年9月，还出现了第一家汽车出租公司。到1929年，上海全市的公用出租汽车公司达100多家、各类汽车1万多辆。

从此，汽车开始飞奔在中国广袤的大地上。

▲ 19 世纪 90 年代，上海南京路上官员骑马的马队行进中的街景

春风得意马蹄疾

——骑马出行

唐代诗人孟郊在46岁那年进士及第，金榜题名。正是人生得意时，他按捺不住得意欣喜之情，兴奋地写下了一首《登科后》的诗“昔日龌龊不足夸，今朝放荡思无涯。春风得意马蹄疾，一日看尽长安花”，活灵活现地描绘出诗人神采飞扬的得意之态，抒发了他心花怒放的得意之情。诗句很有一种象征的意味：“春风”，既是自然界的春风，也是皇恩的象征。所谓“得意”，既指心情上称心如意，也指进士及第之事。以往的局促不安与生活的困顿，都不值一提了，今朝金榜题名，郁结的闷气已如风吹云散，心里真有说不尽的畅快，真想拥抱一下这大自然。策马奔驰在春花烂漫的长安道上，今日的马蹄格外轻盈，不知不觉早已把长安的繁花看个遍了。

殊不知那个时候的人，能够骑马，已经是很有腔调的出行方式了。一般平民百姓则主要依赖自己的两条腿，道路崎岖不平，有的地方则根本连路也没有。古人外出，如经商、游学、游宦、游豫或镇戍等，出行总是充满艰辛。能够进京赶考的学子背着箱笼行李，一路上山高水远，道路不畅，荆棘丛生，匪盗横行，野兽出没。作为上古社会生活的百科全书——大名鼎鼎的《山海经》，不仅记载了几十种旅途中可能会遇到的危险和解决办法，还记录了百余种野菜野味，简直就是古人旅行的生存手册、保命指南。既然将旅途视为畏途，所以儒家文化就对人作出了这样的训诫：“父母在，不远游，游必有方。”这句话通常被理解为儒家所倡导的孝道文化的体现，但也可读出古人

▲ 1919 年的一个寒冬，江苏一村镇民居山墙下聚集的人群和骑马的男子

▲ 清末民初，来到中国的传教士骑马出行的阵仗和随员

▲ 1905 年，上海街市上的清末巡警骑着高头大马在街头巡逻的情景

对路途艰辛的切实感喟。

至于交通工具，古人主要依靠自己行走，再不就只能依靠牲畜的代步了。马的速度较快，有条件的一般都选择骑马，奔跑起来，速度快，耐力好，还平稳，用于骑乘当属上佳。但马性子烈，需要驾驭与熟悉，养马的成本很高，一般人也负担不起。正因如此，历史上与马有关的故事不胜枚举，如黄帝时代的“王亥驯马”，战国时代齐国的“田忌赛马”，管仲的“老马识途”，列子《说符》里的“九方皋相马”，《隋唐演义》里的“秦琼卖马”，以及伯乐《相马经》里所记载的“按图索骥”的故事等。“按图索骥”的故事说的是，伯乐有个儿子，资质较差。他看了父亲的《相马经》，也很想出去找千里马，结果却把癞蛤蟆误以为千里马。这个故事讽喻做事拘泥教条，墨守成规，犯教条主义的错误。

由于骑马出行在中国早已形成传统，很早就形成了一项专门的技艺，古代“六艺”指礼、乐、射、御、书、数六种才能技艺，其中的“御”就是骑马的技术，后又引申为驾驭马车的技术。古代的马车分为不同的等级，天子六马驾车，诸侯四马驾车，大夫有四马驾车也有两马驾车，上士两马驾车。“御”是一门很实用的技艺，有点像今人的考驾照。骑术在古代又是一项重要的体育运动，包括赛马，还有马戏等。骑术的发明最初是为了狩猎，后来引用到军事上的重要作用，历来受到人们的重视，并逐渐发展为一种体育运动。

中国还有不少体育项目是从骑马演绎过来的，如古代的球类运动中有马球运动，就是骑在马上用球杆击打皮球的一种竞技运动。魏晋曹植《名都篇》里就有“连翩击鞠壤，巧捷惟万端”的诗句，到唐代更是风行一时。此外，还有“马戏”，也是唐宋时期百戏活动的主要内容之一。到了明清时期，民间除了有骑术表演，骑马还是军队训练的一项重要科目。清朝宫廷御用画师郎士宁曾经画了一幅反映清军进行骑马训练的《马术图》，描绘了清军在马术训练当中的各种动作、各种方式，非常引人入胜。

▲ 1944 年春，上海光华大学的学生情侣在龙华骑马郊游

数声风笛离亭晚

——操舟行船

江南水乡的人们出行，更多的选择是以水路为主，以舟代车。水路交通工具历来以木船为主，差不多一直到清末才开始有轮船通行。

晚唐诗人郑谷所写的诗《淮上与友人别》：“扬子江头杨柳春，杨花愁杀渡江人。数声风笛离亭晚，君向潇湘我向秦。”向我们描绘了送别的清朗画面：扬子江头的渡口，晚风中，杨花飘荡。岸边停泊着待发的小船，友人即将渡江南去。依依袅袅的柳丝，牵曳着彼此依依惜别的深情，有一种离愁别绪，富于情韵美的风调，也有点沉重与伤感。笛声中，天色仿佛不知不觉地暗了下来，离别的时间到了。两位友人在沉沉暮霭中互道珍重，各奔前程，描绘了一幅古人乘船送别的风俗画。

也许全世界的木帆船，几乎都是先有独木舟，后有木板船。汉代刘向《世本》里有“古者观落叶因以为舟”的记述，刘安《淮南子》

也有“见窍木浮而为舟”的记载，这些都反映了我们祖先较早的物理学知识。当人类进入新石器时代以后，生产工具有了很大的改进。石斧、石锛等石制工具的产生，人工取火的发明，为独木舟的创造奠定了基础。20世纪70年代在南京西水关出土了一只商周至春秋间的独木舟，说明早在3 000多年前，此地先民已用独木舟渡水。其后，人们伐木造船，起初也只是造小划子、小舲舟，随着造船技术的进步，至三国时期的东吴时，建业（今南京）已能造大船漂洋过海了。船的种类颇多，用途不同，船的长短、宽窄、样式及装饰也大不相同，而且还有各自的要求和习俗。

绵亘数千年的长江航运史，是从筏（竹筏和木筏）和独木舟的下水为开端的。先民们“剡木为楫”，在创造独木舟的同时，也创造了木桨。静水中，坐在独木舟中的人，用双手向后或向前划水，舟可前进或后退；用单手向右或向左划水，舟可左行或右行。受此启发，我们的祖先创造了木桨，可以说木桨是人类手臂的延伸，桨板是手掌的

▲ 民国时期，江南运河里行驶的木船，天气晴朗，水面平静

▲ 20 世纪 20 年代苏州女子水巷泛舟

▲ 1925 年，浙江绍兴的船工正在奋力划船通过水门

▲ 20 世纪 40 年代，太湖支流上船户家的女孩，生活非常艰辛

放大。有了舟，有了楫，便有了“舟楫之利”。江南水系中独木舟的应用，揭开了长江与环太湖流域水运史的第一页。

江南河湖众多，还有数不清的塘、泾、浜、港、溇……串成纵横交织的水网。人们以船代步，渔家甚至终年生活在船上，船就是他们移动的房屋和移动的家，水乡百姓日常生产生活的重要依靠。

在机动轮船尚未出现的年代，水乡木船是人们出行的主要交通工具，平时农作，常用船载人带物去到田间；农忙季节，田里收获的庄稼须用木船载回；农闲时节，乡民们坐船捕鱼捉蟹，摘莲采藕，用船在河浜中罱取河泥以作冬肥；乡民走亲访友，上街进镇，船不仅可代步，而且还可免去提篮携物之劳；甚至迎娶新娘，送走逝者，都离不开船舶。因为船舶出现在人们生活的方方面面，所以也就成为生活的重要媒介，衍生出江南地区特有的船俗。

千百年来，水乡许多地方还流传着“网船会”的习俗。每年的清明节或中秋节前后，船户乡民就会驾着小船，迎神赛会，从四面八方自发会集到有寺庙的湖荡，通过庙会方式，祈求上苍风调雨顺、农渔丰收，这就是声名远扬的水上庙会——“网船会”。唐代诗人杜荀鹤在一千多年前就写下了“君到姑苏见，人家尽枕河”的诗句。古时江南吴地的男女老少，几乎人人都会行船。《苏州方志》记载：“吴人以舟楫为艺，出入江湖，动必以舟，故老稚皆喜操舟。”船也是水乡人民谋生的工具。“春船载绮罗”“月移山影照渔船”“不须惆怅贩茶船”，有的

▲ 20 世纪 40 年代，上海附近的水乡古镇

船载着绮罗，有的船寒江垂钓，有的船满载茶叶，船上是不同船夫的生计，带他们驶向各自美好生活的远方。

倒骑牛背意堂堂

——骑牛代步

牛是人类最早驯化并饲养的动物之一。在传统的自给自足、男耕女织的农业社会，祖祖辈辈过着日出而作，日落而息，面朝黄土背朝天的生活。正因如此，牛成为陪伴农民最长久、最亲密、最得力的家畜，人们用“勤劳”“辛苦”“温顺”“开拓”等美好的词语来赞美牛。东汉应劭《风俗通义》曰：“牛乃耕农之本，百姓所仰，为用最大，国家之为强弱也。”

清朝诗人、美食家袁枚写过《所见》：“牧童骑黄牛，歌声振林樾。意欲捕鸣蝉，忽然闭口立。”说的是一个牧童骑在黄牛背上，嘹亮的歌声在林中回荡。忽然想要捕捉树上鸣叫的知了，就马上停止唱歌，一声不响地站立在树下。把牧童那种悠闲自在、无忧无虑的心情和盘托了出来。他几乎完全陶醉在大自然的美景之中，简直不知道世间还有“忧愁”两字。正因为心中欢乐，才不禁引吭高歌，甚至声遏行云，“振林樾”。这首诗几乎用白描手法，紧紧抓住小牧童一刹那间的表现，生动地写出骑牛小牧童的机灵聪颖、纯真可爱，诗的语言明白如话，质朴无华。

千百年来，还流传着老子骑青牛准备出函谷关去四处云游的故事。春秋无义战，天下大乱，老子就想离开故土。守卫函谷关的长官尹喜很敬佩老子，知道老子要出关去云游，殊觉可惜，于是就想留住他。尹喜对老子说：“先生想出关也可以，但是得留下一部著作。”老子听后，就在函谷关住了几天。几天后，他交给尹喜一篇五千字左右的著作，然后就骑着大青牛走了。据说，这篇著作就是后来传世的《道德经》。在传播的典籍和画像中，老子一般都是以骑着青牛的形象出现的，青牛成了老子的标志之一，为什么他骑的是牛，而不是马或是其他动物呢？那时战乱，马匹是非常紧张的战争资源，寻常百姓是不能够将马作为交通工具的，牛取代马成为了当时的主流交通工具。牛的耐力好，且寻常人家都可以饲养。老子离开家乡时带了不少竹简，竹简很重，体积又大。这种长途且负重的跋涉，对于一个年届八旬的老人来讲，走得慢且稳，又能负重前行的青牛，当然是首选出行工具了。老子不选择高傲的战马，而选择温

▲ 苏南地区 1919 年拉货的牛车在庄稼地里行走

▲ 1919 年杭州拉柴火的牛车

和的青牛，也是对时局的一种无声的抗争。此后，老子骑坐青牛，也成了道教文化中的一个著名的意象，历经几千年传承而不衰。

牛车是一种结构简单的车，出现的时间很早。作为古代的一种主要交通工具，最初是作为运输重物、柴草谷物之用，也可用来运送老弱病残之人。先秦《诗经·商颂》中的《玄鸟》曰：“天命玄鸟，降而生商”，这是一首描写传说中商朝始祖契的诗。契，亦作“偰”“卨”。子姓。帝喾之子，母为简狄。契之孙相土首先发明了马车，六世孙王亥又发明了牛车。这便是史书上记载商的祖先“立皂牢，服马牛，以为民利”。“皂”是喂牛马的槽，“牢”是养牛羊用的圈，说明他们很早就过渡到定居放牧的生活，服牛乘马，以为专利了。

▲ 民国时期，江苏农村牛车运粮食的老照片

▲ 20 世纪 30 年代，吴江震泽骑水牛回家的少年

唐代虽然盛行骑马，但也乘牛车。唐代郑处诲撰《明皇杂录》上说杨贵妃姊妹就曾“为一犊车饰以金翠，间以珠玉，一车之费，不下数十万贯”。所谓“犊车”即是牛车，可见其地位并不低。宋代，从宫廷命妇到平民百姓都坐牛车，所谓“雕车南陌碾香尘”，牛车听起来虽然不够高大上，速度也慢，但牛的负重力较大，车厢可以造得宽阔些，行车也平稳，坐起来反倒比马车更舒适。宋代汴京街上来来往往的多是牛拉的厢车，足可容纳6人，还能供租赁，有点像那个年代的“出租车”。即使到了近代，浙江宁波一所教会的主教去教区巡视，尽管宁波是一个富庶地区，而这位主教的座驾也仅是一辆牛车，可见牛车在江南地区适用也很普遍。

▲ 1940 年东海县街景，一辆牛车在大街上缓缓前行

清人李振声有首竹枝词这样唱道：“一样朱衣纱帽妆，倒骑牛背意堂堂。笑他抢地还应惯，赢得头颅号砑光。”说的是古时立春日，州府官员会携芒神与春牛泥像巡游，并于田垅挥鞭促春牛以示劝耕。仪式结束后击碎春牛泥像，众人分抢散落的泥块以表达接春迎祥之愿。这首竹枝词的描写很是生动。

▲ 法国摄影师菲尔曼 · 拉里贝的清末中国影像中的少女骑毛驴及赶驴人

细雨骑驴入剑门

——驴车骑乘

《后汉书·张楷传》："家贫无以为业，常乘驴车至县卖药，足给食者，辄还乡里。"可见，驴车在古代是很重要的代步工具。北宋张择端名作《清明上河图》，在5米多长的画卷中绘出了500多个人物，各类房屋车船不计其数，场面宏大，凸显北宋都城汴梁的繁华景象，画中出现频率较高的是驴车。驴子耐力强，好饲养，用作畜力比马和牛都更经济省力，因此受到民间欢迎。从《清明上河图》上看，驴车多用于拉运货物，还需人力辅助。其中一辆四驴所拉大车，即宋代常见的"太平车"，毛驴拉车在江南也很寻常，可拉货，可载人。

传统中国人对驴一般的评价是，驴是哺乳动物，家驴耐粗饲、善驮载，给人的印象是温顺能干老实，但在文学作品中，凡是涉及驴的词，几乎都带有贬损之意，诸如犟驴、蠢驴、笨驴等，对驴的评价有点不太公平。《水浒传》第十九回："别的众人都杀了，难道只恁地好好放了你去，也喫你那州尹贼驴笑！”第四三回：“却恨撞着那驴鸟，我如何敌得他过。”第五一回：“有认得的喝道：‘使不得，这是本县雷都头。’白玉乔道：‘只怕是驴筋头。’”真是贬损有加，一塌糊涂。历来流传着一句歇后语：“骑驴看唱本——走着瞧”，始于元明之际，流行于明清之间，盛传于清末民国，用来形容对人或事不要急于下结论，日后再见分晓。

其实，唐宋以来驴是平民百姓最常使用的出行工具，它还有一个奇特的名字叫“卫”，唐人尤其称驴为卫。宋人高承《事物纪原·虫鱼禽兽·卫子》曰：“世云卫灵公好乘驴车，故世目驴为卫子。或曰，晋卫玠好乘跛驴为戏，当时称驴为卫子以讥玠，故有蹇卫之称。”明王志坚《表异录·毛虫》曰：“驴曰卫子，或言卫地多驴，故名。或言卫灵公好乘驴车。或言卫玠好乘跛驴。”驴在古代还是很亲民的，小媳妇回娘家，通常是骑驴。八仙中那个鼎鼎大名的张果老倒骑毛驴的传说也很有趣，为什么要倒着骑呢？有许多说法，一种说法是张果老的原名叫张国，是一个著名的炼丹师，隐身恒州中条山，成为一个有名的道士。羽化成仙之前，曾经调戏一个女孩，后得知女孩是其亲生女儿，无颜面对而倒骑之，显然是“忏悔”之说；还有说他闻知木匠祖师鲁班爷一夜造桥成功，他不太服气，便与工匠打赌，若能骑驴过桥而不倒，则服输倒骑毛驴，结果他输

▲ 1914—1925 年，苏州一位骑驴逛虎丘的游客背影，悠然自在

▲ 20 世纪 30 年代，江南赶驴车运货的商人

了，就倒骑毛驴行进……不论怎么传说，最终还是神化了张果老。

古代骑驴似乎也是神仙和隐士的标配，《水浒传》引首中写道：“那时西岳华山有个陈抟处士，是个道高有德之人，能辨风云气色。一日骑驴下山，向那华阴道中正行之间，听得路上客人传说，如今东京柴世宗让位与赵检点登基。那陈抟先生听得，心中欢喜，以手加额，在驴背上大笑，攧下驴来。”陈抟是历史上确实存在的人物。这段描写也印证了驴作为骑乘工具，速度比牛快，耐力比马好，便于饲

▲ 1939 年吴江县（今苏州市吴江区）的一个小女孩坐在驴车上

▲ 1919 年坐着驴车出诊的梅藤更医生

养，价格低廉，各种道路都可以走；而且驴的性情也较马温顺，骑起来也安全。宋代诗人陆游就时常租赁驴子出行，其《野兴》诗中有“闷呼赤脚行沽酒，出遣苍头旋僦驴”诗句；《剑门道中遇微雨》又有“此身合是诗人未，细雨骑驴入剑门”，把诗人自己那悲怆的心情和浓墨重彩的背影，永远地定格在了历史的岁月长河中。

清人陈康祺的《郎潜纪闻》还记录了道光年间“驴车尚书”的故事，说的是江南人戴敦元出任刑部尚书，某日大雪，戴敦元身着雨罩，手抱文书，到街上叫了一辆驴车。车夫不知戴的身份，到了刑部衙门，戴敦元脱去雨罩露出珊瑚顶戴。车夫大吃一惊，转身欲走，戴敦元强拉住他一定要付了车钱才离去。百姓赞其清廉，称其为“驴车尚书”。江南不仅有“驴车尚书”，还有“驴车宰相”，说的是“同治中兴”功臣之一的吴江人沈桂芬（1818—1881），他每日京城中枢早朝，总是要一辆晃晃悠悠的黑驴车，弄得连东华门守门的护卫，也常常不习惯，总是上前厉声吆喝停车，老是闹笑话，就此，沈桂芬得了个“驴车宰相”的诨名，真可谓清风长在，廉行誉后。

竭力奔驰易溜缰

——新式马车

马车堪称是中国的国粹。华夏大地，车马文化的历史悠长而发达，早在夏商周时期，就出现了可以攻城略地的战车，而到了春秋战国，战车已成为衡量一个国家实力的标准之一，所谓“千乘之国”“万乘之国”也是声名显赫。秦汉以后，马车进一步普及，在民间更是运货载人的主要工具之一，演化出多种样式。在长期封建专制主义的桎梏下，马车也有不同的使用规格，分为官用、军用和民用的不同样式，至于与地域、民族、习俗相关的不同装饰风格的马车，更是多得难以尽述。

传统制式的双轮车，车厢部分叫“舆”，车厢前后左右木板和栏杆叫“軨”，车轮称为“轮”，车轮的边框叫“辋”，连接辋和毂的部件叫“辐”，载车的部分又叫“辐輳”，承载车舆的横梁叫“轴”，防止车轮脱落的装置称为“辖”……套件丰富，名堂众多。但马车得以成立的先决条件，是必须有好马。《周易·系辞下》记载，黄帝、尧、舜时“服牛乘马，引重致远，以利天下”，说明中国在很早的时候，马已被驯化和役使。

观察东西方的马车，大同而小异，而中国马车的历史似乎更长久一些。根据考古和文献的证据，中国的马车出现在公元前2 000年左右，而西方的马车出现在公元前1 000年左右。中国马车在商周时期就已经得到了高度的发展，形成了多种形制和用

▲ 1908 年上海租界里的西式马车

▲ 1929 年孙中山葬礼，图为载着孙中山遗像的马车

▲ 晚清租界里的“亨斯美”西式马车

途，如战车、礼车、乘车、运车等，而西方的马车在古希腊罗马时期才开始有所发展，主要用于战争和竞技。此外，中国马车在秦汉时期就已经实现了标准化和规范化，制定了严格的制造和使用的规则和制度，而西方的马车在中世纪时期才开始有所改进，主要用于贵族和教会的奢侈生活和炫耀。中国的马车在隋唐时期就已经达到了巅峰，出现了各种精美和奇特的龙车、凤车、水车、火车等，而西方的马车在文艺复兴时期才开始有所创新，主要用于商业和旅行。东西方马车存在的差异，是由明显不同的地理和文化环境所导致的。

1843年上海开埠后，上海街头最早出现的代步工具就是马车。带有西洋风味的西式马车，作为一种日常交通工具在上海流行起来。最初坐马车的大抵是外国人，后来中国的达官显宦、富商大贾也多自备马车，分为“轿车”与“篷车”两种。前者是如同轿子式样的，绿

▲ 1937 年上海浙江路桥附近的马车

呢窗帘，白铜痰盂，车光镜子，插花瓷瓶，一应俱全。冬天铺上狐皮褥垫，备有白铜手炉、脚炉，车厢内暖意融融，一派春意，设备非常考究。后者则是敞座的，考究一点的在车后竖有铁柱，上张车盖，介于“轿车”与“篷车”之间。此外，还有一种橡皮钢丝双轮小马车，叫作“亨斯美”，可以自动扣缰，驾上披锦挂彩的阿拉伯名马，那是最为时髦的一种马车。富家阔少、纨绔子弟很喜欢驾着“亨斯美”尽情兜风玩乐。

为了适应西式马车的交通流动量，租界当局采用西方先进修路技术，以碎石、沙石铺路，轧平夯实，使路面的平整坚实度大为提高，并经常整修保养。这种以西式新法修建的道路宽阔平整、坚实整洁，西式马车在上面来往飞驰，平稳快捷，人称之为“马路”。颐安主人《沪江商业市景词》写道：清末上海的租界规定行车不能“雷轰电掣疾流星”，因为“车行太快本违章，竭力奔驰易溜缰”，同时要求“欲保安全维秩序，认明红绿两边灯”，可见当时对马路的交通是作出了种种规定的。

19世纪70年代后，中国人开始在上海设马房，出租马车。一般平民百姓无力购置马车，可向马房租用，包月或临时雇坐。清末民初，几乎每条街上都有马房，马房以白克路（今凤阳路）的“龙飞”最为著名。还有一些营业性马车，马车夫用自备的破旧马车，沿街兜客，招揽生意，被时人称为“野鸡马车”，一般也是聚集在十六铺码头附近，车厢可坐四人，满座开车，车资每位铜元三枚。当时租界有条歧视性规定：如西人马车在前，后面的华人马车不准超越，违者罚款。而华人马车在前，后面的西人马车超越则不在此例。民国以后，现代化交通工具汽车兴起，马车必然遭遇被淘汰的命运，自20世纪20年代后日趋衰落。

▲ 20 世纪 40 年代，上海大世界游乐场附近的马车

▲ 晚清江南大户人家夫妇乘轿子出行

轿子何嫌索价高

——晚近轿子

早期传统的重要代步工具是轿子，古称“肩舆”，由人力肩扛而行。“舆”的本义是“车中装载东西的部分”，简单地说也就是“车厢”。《明史·舆服志》：“轿者，肩行之车。”轿子，在种类上，有官轿、民轿、花轿等；在使用上，有走平道与山路的区别；在用材上，有木、竹、藤等之分别；在方式上，有人抬的和牲口抬的区别，如“骡轿”“驼轿”之类，据说元代皇帝还坐过“象轿”。

轿子曾流行于大江南北，因时代、地区、形制的不同而有不同的名称。如肩舆、檐子、滑竿、兜子、眠轿、暖轿等。现代人所熟悉的轿子多系明、清以来沿袭使用的暖轿，又称“帷轿”。木制长方形框架，于中部固定在两根具有韧性的细圆木轿杆上。轿底用木板封闭，上面安置可坐单人或双人的靠背座箱。

在封建专制主义皇权统治下，皇帝所乘的轿子自然是规格最高的

▲ 晚清官员乘坐的官轿，连洋人也要与之合影留念

官轿，也称“龙舆”，皇家专用的明黄色，象征着一种权威，内部宽敞气派，装饰非常华丽，龙椅宽大，可坐可卧，由八人或十六人抬行，是皇帝在宫内往来时乘坐的代步工具，王公大臣等高级官员乘坐的轿子也由四到八人抬行。《大清律例》规定：三品以上京官使用四人轿，出京可以坐八人轿，外省督抚也用八人轿，普通官员坐四人轿，所谓“八抬大轿”就是这样来的。

晚近以来，官轿不仅是皇家、宫中的一种交通工具，同时也是极具尊严的一种象征。清末地方达官贵人出行都乘坐官轿，上海道台坐八人抬的绿呢金顶大轿；知县乘坐四人抬的红漆黑顶蓝呢轿子；一般有品级的官员和乡绅出行也乘轿子；公共租界工部局内的一些华籍官员和外侨官员因公出行也用轿子代步。官府衙门内设有轿厅，长雇着的轿夫称为“轿班”。

民间的情况稍不同，郎中大夫出诊，一般乘坐二人抬的蓝呢轿子，来去匆匆。另有一人称“替肩”的，走在轿子前吆喝，提醒行人避让，夜间则提着灯笼在轿前引路。行医轿子流行很久，到20世纪30年代，上海虽已盛行汽车，还是能见到这种轿子。缙绅闺秀所坐的轿子小巧精致，顶垂璎珞，旁嵌玻璃，冬天还用动物皮毛装点御寒。平民百姓坐的轿子，是两人抬的青布小轿，“庶民车及轿，并用黑油、齐头平顶、皂缦，禁用云头”，等级森严，不可逾矩。

民国初期，老百姓结婚时坐“喜轿”，江南地区称为“坐花轿”，这种花轿也叫“彩舆”，是传统婚礼上使用的特殊轿子，一般装饰华丽，以红色显示喜庆吉利，因此俗称“大红花轿”。通常在轿框的四周罩以红色的绫罗帷幕，叫轿帏。围绕着花轿，曾经出现过许许多多的礼节、仪式，比如搜轿、压轿、垫轿、照轿、抱轿、哭轿、洗轿、送轿、遇轿、摇轿、接轿、问轿、踢轿等。郑逸梅《上海旧话》里曾为我们描写了旧上海各种各样的轿子，好似一幅风俗画：一面是平民的独轮小车，那是贫寒百姓所使用的；一面是贵族化的轿子，那是社会上所谓“有身份”的人所乘坐的。同样是坐轿子，不同的社会阶层，又有着不同的坐轿规格。在“十里洋场”的上海，轿子也承载着轿夫的斑斑血泪。

▲ 1900 年嘉定县（今上海市嘉定区）轿夫抬轿子情形

▲ 江南富贵人家的豪华婚轿，讲究“龙凤花轿，凤冠霞帔，十里红妆”，婚轿制作十分讲究

清末民初，情况有了变化，除官轿、私人轿子、迎新彩轿等，营业性轿子在增加，营业性轿子亦称公用轿子，是一种大众化的公共交通工具，只要有钱，都可以乘坐。清同治四年

（1865）上海公共租界工部局将公用轿子列为最早的捐税项目之一。光绪三十一年（1905）租界地区公用轿子日趋增多，这种公用轿子如同今天的出租车，大多候雇于沿江码头、火车站、集市、游乐场所附近，招徕生意，乘用者多为商人和旅客，在十六铺到南码头一带的沿江码头，营业轿子比比皆是。清叶调元描写传统年俗的竹枝词《提盒》曰：“新年春酒竞相邀，轿子何嫌索价高。提盒天天来送礼，汤圆春饼与年糕。”说的是新春过年期间营业性轿子供不应求，价格提高的往事。

▲ 1937 年上海租界的洋人也要过一把坐轿子瘾，被美国摄影记者哈里森 - 福尔曼抢拍到这个瞬间

轿子虽然具有悠长的历史，但它毕竟是一种役使人力的落后交通工具，因此从民国初年开始，除了在一部分地区或一些特殊的场合，如传统婚礼中继续使用外，逐渐被淘汰了。随着更为先进交通工具的普及，以轿代步的风景也就渐渐消失在岁月中。

七八娇娃一小车

——独轮小车

独轮车的创始者，据说是三国时的蜀相诸葛亮，晋陈寿撰《三国志》之《诸葛亮传》：“亮性长于巧思，损益连弩，木牛流马，皆出其意；推演兵法，作八阵图，咸得其要云。亮言教书奏多可观，别为一集。”“木牛流马”也就是独轮车的滥觞。宋高承撰《事物纪原》：“木牛即今小车之有前辕者；流马即今独推者。”宋陈师道也记载：“土车，独轮料土，兼载稗编。蜀相诸葛亮出征，始造木牛流马，以运饷。今之土车独推，犹存诸葛遗制。”木牛是有前辕的独轮车，流马是没有前辕的独推小车。但宋代距离三国时期毕竟也有1 000多年了。或许诸葛亮之前，已经有一些能工巧匠造成了独轮车。据说有蒲元者曾上书诸葛亮，禀告造成木牛之事，诸葛亮是否综合了那个时代的匠人之功，抑或后人将这种制作的发明权“奉送”给诸葛亮，也未可知。

不论怎么说，独轮车的前身是“木牛流马”则是事实。这种独轮车，与北方汉族使用的排子大车相比，身形较小，俗称“小车”“手推车”，正因为“小”，就比大车显得机动灵便，载货载客皆相宜，不论平原山地，还是在狭窄的羊肠小道上都可推行，既经济又实用。满载时独轮车的木车轴会发出叽叽咕咕的声音，于是俗称“鸡公

▲ 晚清 6 个少年坐在一辆独轮车上留影

车”；又因它前头尖，后头两个推把如同羊角，故又称“羊角车”，制作简便，乡村社会使用普遍，人们赞道：“独轮车，硬是好，不吃粮来不吃草。农忙时，推庄稼，农闲又把百货拉。”在乡村，妇女外出或回娘家皆坐独轮车，由丈夫推着走。可以说，独轮车是一种既经济又用途广泛的交通工具。

江南水乡，河道纵横，古代人出行和运输以舟船居多。1862年，来自苏北地区的人们涌到上海滩，他们将木制的独轮车也带到了上海，也有人说是为镇压太平军，李鸿章率领的淮军进军上海，将独轮车带来使用。1874年，淮军利用独轮车载了一种称为“加特林”的机枪，在上海城内马路上行进。由于车夫都来自长江以北，故又被人称为“江北车”。据1874年的统计，英法租界共有独轮车3 000辆。到了1928年，已经突破10 000辆了。可以想象一下，10 000辆独轮车，穿梭于上海街头，那场面是多么壮观。

▲ 清末上海街头的独轮车

▲ 1907 年上海街头的独轮车

▲ 20 世纪 20 年代，坐独轮车上班的纺织厂女工

起初的独轮车，只是被用来载运货物，一辆车一次可载货四五百斤，后来它又逐渐成为客运工具。独轮车是上海开埠之后马路上最早行驶的车辆之一，不仅用来运货，更有承载客运的功能。车轮安装在车身中间位置，上面设有一个车架，车轮两侧的木架既可装载货物，又可在载客时当座位。车后有两根把手，一

▲ 20 世纪 30 年代，独轮车还是许多普通市民的主要代步工具之一

个人握住两边把手即可在车身后面推行。用来载客时，一辆独轮车可以载三四个人，有时甚至也能载七八个人。朱文炳《海上竹枝词》描述：“或是缫丝或纺纱，斜阳工散各还家。手提饭盒梳妆俭，七八娇娃一小车。”

独轮车成群结队，载货载客，它不像马车那样可能会让马受惊，车夫也不会受路边情况的影响，以收费低廉而受到青睐，很快它就取代了马车。当时有一首竹枝词描写道：“水程陆路免周旋，花市游人惯省钱。一二十文廉价雇，独轮车子半头船。”说的就是独轮车使用的便捷及收费的低廉。

租界管理当局对独轮车也是爱恨交加，取缔不了，只能要求“以最佳办法来制止中国手推车引起的使公众感到烦恼的噪声”，也采取过诸如“限时”“限行”的命令，还是于事无补。为了保证安静，最后租界内载人的独轮车被要求使用润滑油，甚至准备将不涂润滑油的小车夫“送会审衙门究办”。但是，独轮车既然关涉许多民众的生计出路，就不是一纸禁令所能奏效的，最终租界当局还是为它发放了牌照并征税。直到市面上出现更便捷的交通工具，速度缓慢的独轮车因占道而影响了公共交通，事故频发，才逐步退出租界的街市路面。

沿街无处不居停

——人力车夫

随着独轮车的兴起，有一种更为方便舒适的交通工具后来居上，它不再是独轮，而是人拉的二轮车，这就是人力车。关于人力车的起源，据说是19世纪70年代，居留在日本的一位美国传教士首创，也有说是一位叫佩里的英国外交官发明的，而日本人则认为是日本一个叫铃木德次郎的人发明的。不论怎么说，反正起源于日本，中国人称它为“东洋车”。

1873年，上海开埠已经30年了，一个叫米拉的法国商人，看到上海租界生意兴隆，仅靠独轮车代步，已经捉襟见肘。这个法国商人向法租界公董局呈报了一份计划，要求在两租界设立手拉小车客运服务机构，并申请10年专利经营。后经法租界公董局与公共租界工部局协商，同意由两局发放人力车执照，并规定了路程价格。1874年，从日本引进了第一批300辆黄包车，上海首家外国小车洋行就开张了，并在《申报》刊登启事：“今有本行新到洋车，比中华车大不相同，不论天暗下雨，一样可推。车上另有篷帐，下雨不湿衣服，格外奇巧，贵客商欲坐者，请至本行赁可也。”启事还订明路程远近及价格。

▲ 20 世纪 20 年代，上海街头正在拉客的黄包车夫

最初在上海市面上出现的几批东洋车，车身较高，木制的双轮同马车后轮差不多大小，轮子上包镶着铁皮，行进起来隆隆作响，车座也颠得厉害，乘客颇感不适。于是，上海人对东洋车进行改进，放低了车身，用钢丝铁圈代替木轮，轮子上箍了橡胶车胎，这样车行时就不会发出刺耳的声音，车身相对平稳，乘坐者当然也渐感舒服。这个过程大概有几十年，一直到1911年辛亥革命前后，这种经改进的人力车才流行起来。

▲ 1937 年，上海马路上停着的黄包车里的父亲、儿子与孙子

当时的上海文人用竹枝词记录了黄包车的便捷及深受民众喜欢的情况：“双轮左右并安排，两柄朝前拽上街。稳坐车中篷罩首，东洋名字唤同侪”“短小轻盈制自灵，人人都喜便中乘。自由平等空谈说，不向身前问弟兄。”1927年之后，鲁迅居住在上海，直到辞世，鲁迅先生出行，坐黄包车较多，他与黄包车夫有着许多值得铭记的故事。据说，有一次鲁迅坐人力车去绍兴会馆，看见车夫穿得非常单薄，他付过车费，还特地多给了一个银

▲ 清末上海路边等客的黄包车夫，脸上露出憨厚的微笑

元，让车夫买一条棉裤，并说，这样下去要冻坏腿关节的。还有一次，鲁迅乘车把钱包丢在车上了，车夫看见了送还他，还一再要他当面清点一下。鲁迅自然很感激，也立即给予酬金以示谢意。鲁迅善待人力车夫，人力车夫也喜欢拉他出行，这些故事体现了鲁迅先生强烈的人文关怀。

当时上海的黄包车，绝大部分是车行出租给人力车夫的。但也有精美的黄包车，那是权贵土豪们购置，并专门雇用车夫，称为“自备车”；还有一种虽然是人力车夫自己购的车子，但没有捐牌照，就像今天称“黑车”一样，人们称其为“野鸡车”。黄包车在发展的过程中，也离不开社会风俗的影响。按早期设计，黄包车有双人座位，男女可以同坐，但晚清上海社会设“男女之大防”，大约在1879年，因认为男女同坐有伤风化云云，车夫拉双人车也颇困难，故当局曾经

▲ 20 世纪 40 年代，上海街头的黄包车堵塞了交通，显得比较混乱

▲ 1945 年 12 月，上海“黄包车皇后”竞赛中，获胜车夫姜二毛和获得“黄包车皇后”之称的外国女士

下令禁止双人同坐。随着社会民生冲决封建的桎梏，这个禁令后来也逐渐废弛。

上海人力资源丰厚，不缺拉车的工人，江浙周边地区的许多农民涌进上海，干不了费脑子的活，出出力气还是能混口饭吃的。许多一无所有的移民就以出卖自己的廉价劳动力为生，拉黄包车便是谋生的一个行当。黄包车分为三种照会：法兰西照会、大英照会、中国照会。当时路上管理交通的“红头阿三”（印度锡克族籍的巡捕），拿着大棒子，查看车上的照会，执行罚款。1890年车价约为1英里内5分，2英里内1角。随着上海经济在20世纪30年代的强劲发展，黄包车的数量也不断增加。到全民族抗日战争爆发时，由租界发放照会的黄包车已经有8万多辆，成为上海人出门办事最主要的代步工具。一直到40年代，更加省力的三轮车出现在街头，纯靠人力运行的黄包车逐渐走向没落，再到新中国成立时，黄包车几近绝迹。

有人双脚踏轮盘

——三轮车夫

说到三轮车，其实是黄包车的“升级版”，为改变人力拉车的辛苦，后来就出现了一种半机械化的人力三轮车。这时候车夫不是拉车了，而是像蹬自行车一样，不仅人省力，而且后面的车厢里还可坐两个人。20世纪20年代初，三轮车刚出现的时候，还不叫“三轮车”，而称为“脚踏黄包车”，风靡一时，只不过设计上有些问题，弄得脚踏比人拉还吃力，自然走不远，旋即消失了。时人撰竹枝词评说这种脚踏的黄包车：“一部黄包车子前，有人双脚踏轮盘。虽然翻得新花样，但是行来没几年。”直到后来改为三轮车，踏起来轻松多了。到1937年前后，三轮车就逐渐替代了黄包车。

在非机动的代步工具中，三轮车确实是较有影响的一种。三轮车不同于人力车或是黄包车，最主要的区别在于，黄包车只有两个轮子，而三轮车是三个轮子。蹬三轮车的车夫也用不着在马路上狂奔了，他可以踏着脚下的轴承，显然比纯粹的拉车要省力一些。因为这

▲ 20 世纪 40 年代，上海街头拉车过桥的三轮车夫

▲ 20 世纪 40 年代，上海三轮车夫拉车过桥，他们衣衫褴褛，挣扎在社会最底层

▲ 1940 年，上海一家钱庄门口坐三轮车的两位女子

是半机械化的，反过来说，很多人也愿意坐了。当时，学者胡適曾经指出，从物质文明和精神文明的立场上，把人作为牛马来看待，无论如何够不上叫作精神文明。用人的智慧制造出机械来，减少人类的苦痛，便利人类的交通，这种文明含有不少精神文明的成分在里面。胡適主张废除人力车而代以机械车，是有道理的。

20世纪30年代末，上海人口增至300多万，其中大约有6万名外国人，成为全国最大的城市之一。到了1942年，居住在上海的外国人达到了15万人，他们的国籍不少于50个。市内交通工具，面临着极大的挑战，黄包车与城市公共空间的矛盾，也越加突出。管理当局显然更加重视发展三轮车，淘汰旧式的黄包车。1935年出版的《东方杂志》上曾载文说，上海、武汉、南京、天津、北平、广州各大城市的人口在一天天地增多，这主要是农民大量流入城市造成的。抗日战争胜利以后，人力车逐渐让位于三轮车，这是一个进步，但三轮车仍然是一种“人力车”，仍然是流民的一种职业流向，1946年，三轮车数量骤然增长，俨然已有取代黄包车的趋势。《新民报》曾这样报道：“半年来，人力车减少，三轮车增多，路人亦多舍人力而就三轮，人力车，将不用取缔而自行淘汰。”然而在民族工业化不振的境况下，产业工人已经一批批地被抛弃于十字街头，背井离乡的农民自然不容易找到工作，结局只有当牛做马拉黄包车、蹬三轮车了。三轮车夫不仅要面对身体上的沉重压力，而且要面对地痞流氓的压榨。要想靠一辆三轮车养家糊口，首先得给介绍人和车行老板送礼，才能租到车子，有时还要先付半年押租给老板。这样，没有拉起车子就已经欠下一屁股债。

▲ 20 世纪 40 年代，上海人力三轮车和乘车的外国游客

▲ 1948 年，两个外国老太太乘坐三轮车的情景

三轮车真正得到普及是在全民族抗日战争以后，一般认为在20世纪30年代末至40年代初。三轮车的兴起显然要淘汰和取代黄包车。最早出现脚踏三轮车的城市是南京，时间为1942年，而上海在太平洋战争爆发后，由于汽油奇缺，三轮车行业才得到飞速发展。尽管民国时三轮车业的存在时间极短，但发展速度很快。到1949年春，南京的三轮车为4 145辆，车夫近6 000人；上海的三轮车有28 000辆（也有观点认为到解放前夕，上海三轮车为29 898辆，也有数据是26 570辆，这一数据被较多文献引用），车夫有80 001人；苏州的三轮车为156辆，车夫400多人，更加省力的三轮车取代黄包车，是大势所趋，也成了当时最风靡和时尚的代步工具。

上海踏过三轮车的人当中曾出过两位名人：一位是被称为“笛王”的陆春龄，因为笛子吹得好，后成为上海音乐学院的教授；另一位是踏了30年三轮车，以“我服务的是人民，不是钞票”为座右铭的程德旺，新中国成立后成为上海家喻户晓的劳动模范。三轮车见证了上海的兴起与繁荣，最终还是被时代淘汰，成为历史的印记。

▲ 1869 年上海“长发栈”门景明信片，那一年自行车首次在上海出现

前后勾联两铁轮

——说自行车

清同治七年（1868），从欧洲舶来几辆自行车到上海。当年11月24日的《上海新报》报道：“兹见上海地方有自行车几辆，乃一人坐于车上，一轮在前，一轮在后，人用两脚尖点地，引轮而走。又一种，人如踏动天平，亦系前后轮，转动如飞，人可省力走路。不独一人见之，想见者多矣。”当自行车首次出现在上海街头，人们觉得很新鲜。

时间又过去了近30年，1897年，全上海的自行车加起来也不过是几百辆，而且还是洋人在消受，民众还是感觉不可思议，为何人骑在平行的两个轮子上而不会摔倒，当时的文人写了不少竹枝词来描述自行车出现的盛况：“香宾（槟）佳酿醉流霞，闲向天街踏月华。夜静人稀归去也，倩郎扶上自由车。”“臀高肩耸目无斜，大似鞠躬敬有加。噶叭一声人急避，后边来了自行车。”而且因“脚踏车儿最自如，飘然来去似凌虚”，更是受到女性的欢迎：“群雄粥粥竞纷华，独有英雄健美夸。十里商场用武地，双双驰骋自由车。”

1897年这一年非同寻常，上海接连发生两个爆炸性的新闻事件，一是租界内的英国人为庆祝维多利亚女王在位60周年，在上海举办了一场别开生面的自行车大赛。二是1896年7月20日，三名英国青年骑自行车从伦敦出发，一路骑行，并在1897年12月22日抵达上海。同年，上海南京路上出现了第一家中国人开办的同昌车行，专业经营自行车及零配件。这两件与自行车有关的新闻，顿时使上海舆论炸开了锅。人们怎么也想不明白，骑着自行车居然能漂洋过海，跨越漫长距离的山海阻隔，从伦敦一直骑到中国，客观上也颠覆了人们对空间距离的认知。清末《点石斋画报》描述这场史无前例的赛事曰：“车则钢丝如雪，轮则机括维灵，一升一降，不疾不徐，如鹘之飞，如鹰之隼，瞬息万里，操纵在两足之间。”当时还有竹枝词称赞自行车制作的奇巧：“前后勾联两铁轮，不须手挽踏芳尘。辘轳捷足趋当道，一蹶还防笑有人。”这最末一句，就是取笑骑车人常常于转弯之际连人带车一起摔倒，惹得过路人围观大笑。尴尬归尴尬，骑车兜风的少年还是有增无减，一些洋行趁此形势，开始经营自行车进口生意，各种牌号男女式样都有。

▲ 清末的南京路上，一位官衙里的衙役正推着自行车前行

▲ 20 世纪 30 年代，上海街头一位女子与她身旁的双人自行车

自行车在当时人们的心里，代表着西方文明的“先进性”，在上海也掀起了一场购买与学骑自行车的热潮。“东洋车不能方斯迅疾，马车亦无此轻扬”的链式自行车，经过报纸的反复宣传，渐渐也被喜静而不好动的士大夫接受，到公园游乐场去尝试骑自行车的乐趣，成了他们“下海”的第一步。清末曾在工部、大理院任职的孙宝瑄，在《忘山庐日记》光绪二十四年（1898）三月二十七日记道：“至张园，观诸人试足踏车”，看来作者还只是一个在岸上观潮的人。再从桃花坞木刻年画《上海四马路洋场胜景图》可知，当时传入的不仅有

▲ 20 世纪 40 年代，学骑自行车的青年女子

▲ 1920 年上海邮政局壮观的自行车邮递员队伍

链式脚踏车，还有双人同时骑的双运脚踏车。

1911年辛亥革命后，越来越多的国人开始拥有自行车。1915年上海已经有了近20家自行车商行，销售量与日俱增。与此同时，内地一些城市的街头也开始出现自行车。1928年，上海同昌、大兴、昌和、得利、泰昌、润大等6大车行开始组装生产“白马”“红马”牌自行车，这是中国最早的国产自行车。

自行车在民国时期，算是一件奢侈品，能够买得起自行车的，自然是非富即贵的有钱人家，因此成为划分社会阶层和财富的象征物之一。自行车在上海的使用范围进一步扩大，许多女学生也开始骑车出行或上下学使用，以至上海的电报电话局、邮局、警察局等公务机关，出于出行方便的考虑，也开始大量购置自行车用作公务用车。据统计，在1927年的上海，自行车已经达到29 000辆；就在8年后的1935年，上海的自行车数量竟达到了73 000多辆；到1947年，更是多达20万辆。相较于1897年的几百辆来讲，短短不过40多年的时间里，上海的自行车数量便有了数百倍的增长，故人称上海是“自行车王国”。

1940年秋，上海永久自行车厂的前身——昌和制作所在上海东北角的唐山路开业，上海第一家自行车生产厂诞生。1949年底，“永久”牌自行车试制成功，标志着国产名牌“永久”在上海正式诞生。自此，“永久”牌自行车便被源源不断输送至全国各地。

第二章

汽车出现与公共交通革命

问世于1886年的汽车，在20世纪初悄然进入上海。

汽车传入中国，不啻是一场交通革命。1905年，公共租界工部局发出的汽车执照数为31辆。稍后，又有较多的外国洋行大班购用小汽车，至1907年底，公共租界汽车发照数增至111辆。随着上海人口日益增长，市面渐趋繁华，公共交通也就提上了议事日程，道路交通遂成为亟待解决的急迫问题。上海租界当局就开始酝酿组建电车公司。1905年，英商上海电车公司成立，着手铺设从今南京路口至延安东路外滩的有轨电车轨道。1908年3月5日正式落成通车，从静安寺开到外滩上海总会（今广东路外滩），这是上海历史上第一辆有轨电车，标志着上海近代城市公共交通的诞生和起步。

20世纪20年代初是上海马路上各种交通工具最为混杂的时代，“每天要通过大量各式各样的车辆——汽车、卡车、电车、马车、自行车、人力车、独轮推车、手排车，……”。“手排车”通常又称“排子车”，是一种人力双轮板车，是贫苦人的谋生工具。车辆的不断增多，各种车辆争路，导致交通事故频发。为此，民国时期也出台了各种管理办法和措施。

1928年12月11日上海市政当局修正公布的《上海市管理汽车司机人规则》，将汽车司机人执照分为汽车夫、汽车主司机和学生汽车司机三种。1934年，国民政府公布了第一部全国统一的交通规则——《陆上交通管理规则》，对各种车辆和它们在行车、停车、载重以及车辆肇事处理等方面作了具体规定，制定了各项处罚及实施办法。1939年，交通部统一管理全国汽车的登记、检验、领照、纳费以及行车取缔等事务（军用汽车除外），统一制发全国的汽车号牌，此外，无论车辆自用还是营运，都要按春夏秋冬四季，在每季首月的上旬缴纳季捐，领取捐证。

我国道路交通管理历史源远流长。从交通行为产生的那天起，人们就开始了对交通管理的探索与实践，经历了交通管理制度从无到有、交通管理职能从兼到专、交通管理内容从粗到细的过程。任何交通规则的制定和改变都有其历史原因，既要顺应道路交通的发展方向，又要兼顾人们的通行习惯和实际需求，改变和完善通行规则就是为了减少和杜绝事故的发生，保证交通参与者的生命财产安全。

▲ 1901 年汽车首次在上海滩亮相，市民颇为惊奇

汽车来往疾如风

——汽车惊艳

汽车诞生于19世纪80年代，德国工程师卡尔·本茨于1884年研制成第一辆四冲发动机，1885年这台发动机被安装在三轮大车上进行试验，1886年开始在德国曼海姆街头露面。同年，这辆车获得德意志帝国专利局专利，从此被世界公认为“人类第一辆汽车”。

1901年在上海近现代史上，注定是一个引人注目的年头。就在这一年，“改变世界的机器”——汽车，第一次进入了上海。自此，它仿佛是一个标志，意味着上海开始向现代社会转型的启动、加速和兴盛。

那一年，上海人见到汽车，其实缘于一个不经意的偶然举动。一位叫李恩时的匈牙利商人带了两辆小轿车登陆上海。虽然李恩时将汽车带入上海的具体日期已不可考，但根据租界工部局例会史料记载：1902年1月30日，即光绪二十八年十二月二十一日，工部局工董会讨论通过了为上海第一辆进口汽车颁发牌照的决定。假设汽车进口到办理牌照所需时间为一个多月的话，那么上海最早进口汽车的时间，应当是在1901年12月的某一天，比慈禧太后乘坐的那辆“杜里埃”汽车还要早一年。据说那辆车是由袁世凯作为祝寿礼品献给慈禧的，时间是1902年10月10日。因此，上海作为中国出现第一辆进口汽车的城市，是毋庸置疑的。当时上海的《申报》曾报道：“汽车进入本埠首张牌照颁布。”不过，工部局发出的首张汽车牌照是临时执照，暂时列入马车类征税，每月还要捐银2元。

▲ 1909 年，在上海行驶的法国布列爱特公司生产的汽车

1903年上海只有5辆汽车，1908年就增加到了119辆，1912年猛增到1 400辆，1920年为1 899辆，1927年为5 326辆。据统计，1934年公共租界已有小汽车9 515辆，其中有驾照的驾驶员1 604人、有驾照的车主369人、另备案登记的驾驶员17 854人；而在法租界，自用汽车4 160辆、营业汽车513辆。1935年已有汽车10 292辆。

▲ 1912 年春上海街头的汽车，开车的司机有些拘谨

▲ 20 世纪 20 年代，太湖农村的农民好奇地围观外国人乘坐的汽车

汽车、电车始现于20世纪初的租界：“昔日人惟赛马车，而今更把汽车夸。六元一点钟时短，但出风头不厌奢。”民众对汽车这一新鲜事物难免感到新奇：“汽车远远有声来，吩咐途人早避开。惹得乡愚齐注目，这般机巧费疑猜。”当然对于汽车的出现，市民也有一个由排斥到接受和赞誉的心理过程。汽车、电车刚进入民众生活时，人们更多感受到的是恐怖：“汽车来往疾如风，苦煞行人在路中。撞着身时丧性命，岂徒折骨痛无穷。”“班荆道左莫延俄，此日

▲ 20 世纪 30 年代，外滩近景中的洋楼，一排汽车在路旁

春申市虎多。生死关头争顷刻，电车刚过汽车过。”这些竹枝词反映了早期上海人面对汽车的心理驿动。

1920年，上海租界工部局颁布《开车章程》，其中有关驾驶执照的规定为国内最早。上海的男女年龄在18岁以上、粗识文字、四肢健全、耳目聪明、无神经病者皆可应考。无论在何处申请驾驶执照，申请人都要由当地的注册医师检查体格，体检不合格者不能参加驾照考试。汽车兴起后，“男女授受不亲”的陈腐观念被打破了，“男女杂坐不以为嫌”，使传统的社会交往方式发生了很大变化。

从近代上海汽车兴起和发展过程，可以看出：东西方经济、文化的交汇，是上海汽车较早兴起的外部环境；近代经济的发展和上海人对近代文明的积极进取，是上海汽车兴起的内部动力和发展基础。那时，中国工业化刚刚起步，汽车和燃料都得依靠外国输入，作为国内汽车发展最早的城市，上海在中国汽车发展进程中起着先导和推进的作用。汽车的发展，不仅便利了交通，促进了城市近代化，也加快了工业发展和商业繁荣。

机器开车制亦精

——车行蜂起

汽车进入上海，能够用得起这贵重物品的，当然是有钱的阔佬与大亨。那个时候汽车实为一种昂贵的奢侈品，而且因为汽车轮胎、零部件完全不能国产，都需要从国外进口，远隔重洋，到货周期很长。当时汽车的维护成本很高，保养修理的费用更是贵得离谱。而汽车配件更贵，换四个轮胎要200大洋，换个化油器要70大洋，维修电气设备要100大洋。而那时候一辆福特汽车在美国，不过是260美元而已，这中间自然是有着巨大的利润差的。而随着汽车交通的兴起，刺激了经营汽车和零配件的行业应势而生。时人有竹枝词说道：“有轮无马亦飞行，机器开车制亦精。时止时弯真便捷，呼人让路气球呜。”

1912年，英商在大马路（今南京东路）开设龙飞车行，说它是车行，因为这家洋铺子一开始是经营马车零件的，后来逐步发展到经营汽车和汽车配件。此后，美、德、法等国商人相继于1913—1918年间在上海开设汽车公司，主要经营的是马立斯、奇姆、欧斯金、别尔克、雪佛兰、道奇、雪铁龙、雷诺等牌号的汽车和配件。1918年以后，外国商人又先后在沪建立马迪、美通、大利、信通、利威、福林、赫金、飞星等汽车公司。这些外商汽车公司，也叫“车行”，它们大抵持有本国汽车厂在国外的总经销权，以此垄断中国的汽车和配件市场。

▲ 民国初期，开设在静安寺路上的飞星公司

20世纪二三十年代是西方汽车工业飞速发展的时期，受这股潮流的影响，上海买卖汽车的行号商铺以及维修汽车的修理铺子也迅速发展起来。根据当时的统计资料记载，1931年，法租界内持证登记轿车品牌和数量：雪铁龙424辆、雷诺235辆、标致79辆、塔尔伯特21辆、德翁布顿20辆、德拉哈耶8辆、萨尔姆松6辆，还有4辆布加迪。可见当时汽车的品种很多，使用范围也已相当广泛，意味着市场前景极为广阔。

1922年，有个叫马克·马迪的美国青年来到上海。刚登陆时，他一身旧西装，提一只旧皮箱，偕其伴侣，就在虹口北四川路上搭了间木板房子，挂了写有“马迪汽车公司”的中文招牌，佯称持有美国“克雷斯勒”汽车公司的“国外经销权”，但没有资本，也雇不起职工，老婆充当助手和打字员。马克·马迪凭着他那套投机取巧的本领，起初专营克雷斯勒品牌，后扩展到其他品牌，几年之后，居然发了大财。

怎么发的大财呢？主要是靠买空卖空，从1922年的木栅小铺子到1935年扩展到两个大型汽车样子间、两个修理部、一个写字间，拥有80多名职工。马克·马迪从囊空如洗变成腰缠万贯，成为汽车行业中的巨商。由于他开的是“皮包公司”，没有经营资金，他的发家，主要是靠“押汇”办法：先以国外到货的

▲ 20 世纪 30 年代，位于静安寺路上的亨茂汽车公司

▲ 民国时期的汽车修理厂

▲ 20 世纪 30 年代，各地移民在上海五方杂处，好奇地注视着来到这座城市的外国人

▲ 民国时期的汽车加油站

提单，向英商汇丰银行抵押，转汇国外厂商以此作资本。等汽车运到上海后，付出一笔银行利息，就能赚取大笔盈利。后来，马克·马迪为了获取更大利润，将原来整辆汽车化整为零，做零件进口，货到上海再进行装配，这样就可偷逃关税50%，因为当时进口整辆汽车的税率为30%，而进口配件的税率仅15%。就是靠这种“空手套白狼”的办法，马迪获利颇丰，很快积累了大量财富。20世纪30年代，他不仅在安和寺路（今新华路）119号购买了一套别墅，还在上海闹市多地开出新的店面，生意越做越大，混得风生水起。

上海遭受过帝国主义列强的统治，许多投机外商入侵中国上海，就是从上海的外滩登陆，上海真正成了“冒险家的乐园”。那个时代的上海，人才是各方聚拢来的；这方土地不经意地给了诸多勇敢者和冒险者闯荡的机会。后来所有上海大大小小资本家的发财致富，几乎都具有冒险的特质。这种充满冒险而发迹的机会和成功的案例，正是上海有别于其他地域的冒险精神——上海的冒险富有更多的文化知识含量。“冒险家的乐园”名不虚传，有外国商人在冒险，也有中国生意人在冒险。所以人们谈论到上海，总是绕不开“冒险”一词，这种冒险精神曾经受到过批判，但今天也许更应该理解为进取心。

铁线纵横铁轨铺

——电车上路

上海最早出现的现代公共交通工具，不是汽车，而是有轨电车。1908年3月5日清晨，上海公共租界南京路上，一阵阵“当当当”声由远而近传来，人们抬头望去，只见一个庞然大物正顺着此前铺就的轨道缓缓驶来，大家方才恍然大悟，传说了好久的有轨电车，原来就

▲ 1908 年 3 月 5 日，由上海英商电车公司经营的第一条有轨电车线路正式通车，它意味着上海现代公共交通工具的起步

是这副模样……就这样，在人们惊异的目光下，上海公共交通史翻开了崭新的一页。

1881年7月，上海英商怡和洋行向法租界公董局提议开办电车事业。至于为什么选择有轨电车作为首选的公共交通，精明的租界当局自有他们的盘算与考量。因为有轨电车不需要橡胶轮胎，不需要燃油，是一种最省钱、最经济的交通工具。他们认为虽然有轨电车铺轨架线投资较大，但鉴于其行车成本低，乘客容量大，乘坐平稳舒适等优点，决定采纳并着手研究。1898年3月，法租界公董局与公共租界工部局联合组成电车设计委员会，因设计分歧未果。后两租界分别办理电车事宜，1905年3月，公共租界选定英商布鲁斯·庇波尔公司承办电车工程，后其专营权转让给英商上海电车公司，1907年4月24日，公共租界有轨电车工程开工。1908年1月31日，英商电车在爱文义路（今北京西路）上试车，同年3月5日，上海第一条有轨电车路线正式通车营运，由英商电车公司经营的上海首条有轨电车线路，自静安寺出发，由西向东沿愚园路、赫德路（今常德路）、爱文义路（今北京西路）、卡德路（今石门二路）、静安寺路（今南京西路）、南京路（今南京东路）至外滩上海总会（今广东路外滩），全长约6 040米，整条路线都在公共租界内。

时隔不久，法商电车电灯自来水公司在法租界内所开设的第一条有轨电车线路也投入运营。1908年5月4日的通车典礼上，法国领事馆官员、公董局董事等坐上装扮一新的彩车，为法商电车站台壮势。这条位于法租界内的电车线路东自十六铺起，沿着如今的淮海路往西至善钟路（今常熟路），后于同年7月又延伸至徐家汇，全长约8 500米。

公共租界、法租界先后开通的有轨电车，引得众多上海市民驻足围观。然而，看归看，真的要坐上这个跑在轨道上的“铁皮箱子”，人们却显得格外犹豫。究其原因，当时坊间传言：电车、电车，岂能无电？坐在这铁皮箱子里，万一触电，逃都逃不掉，这种洋玩意儿，还是不要去碰的好，正如一首竹枝词说的：“铁线纵横铁轨铺，几如地网与天罗。电车初试人都怕，说是将来肇祸多。”市民对电车有疑虑，运营初期生意可谓惨淡，运行越多导致的亏损就越大。为了

▲ 1919 年在英商电车公司上班的华人员工

▲ 1923—1924 年，上海街头的无轨电车

▲ 20 世纪 20 年代上海的有轨电车

打消人们的疑虑，英商专门雇来一批无业游民，穿着统一的蓝色短衫短裤，每天来来回回地坐电车，一天还发给3角的工钱。日复一日，这些人安然无恙，所谓乘坐电车有触电之虞，也就成了无稽之谈，不攻自破。同时，为了吸引大家乘坐电车，英商电车公司还将花露水、牙粉、牙刷、香皂等作为礼品赠送乘客，在车身上刷上“大众可坐，稳而且快”的大幅标语，并请来西洋乐队随车演奏，以吸引关注，博人眼球。

▲ 上海公交车以电车起步，图为民国初年行驶在城市中的有轨电车

经过如此这般的营销宣传，乘坐电车的客人与日俱增，英商电车公司和法商电车公司旗下线路遂不断增加。无论是“英电”，还是“法电”，他们经营的有轨电车，车厢分头等、二等两档，实行分段计价，且互不隶属，在各自区域内辟线铺轨，互不相通，乘客跨区远足必须换车，并另购车票，很不方便。为此英商开办后不久，即向法商提出互通电车的建议。1912年8月，英法电车公司开始相互通车，最初是通车不通票，即驶入对方路线时，乘客需要重新购票，1913年8月，两家公司签订合同，对互通路线、行车时刻、售票、结算等作了规定，从此跨区乘客无须两次购票。

电车通车以后，其途经之处迅速成为这座城市的繁华之地。实际上，南京路之所以能够成为中国第一商业街，上海首条有轨电车途经于此，客观上也起到了推波助澜的作用。

南市前经仿筑成

——华商公交

辛亥革命前夕，法商电车公司已行驶于华界老西门至斜桥等地段，并企图进一步扩展势力范围，攫取更多利益，将电车线路自十六铺扩展路线至华界外马路董家渡一带；同时，多家外商也先后要求在上海县（今上海市旧城区）南市老城厢地区经营电车事业。他们的这些利益诉求，没有得到上海县衙当局的批准与首肯。

1912年，上海县拆墙筑路后，就与租界相通了，县城里的老上海人对租界先进的交通工具很有感触，也看到了外商电车公司把有轨电车路轨延伸至上海老城厢的企图。这一切让华人自办电车的热情高涨。时任沪军都督府民政总长的李平书，主张要由中国人自办南市电车，并力荐时任华商电灯公司经理的陆伯鸿经办此事。陆伯鸿也是一位很有民族气节的商人，为挽回利权，阻止外商侵越华界，陆伯鸿与几个上海商人联名要求，以繁荣南市公共交通为由，向上海县主管当局提出申请，创建属于华人主权的南市有轨电车公司，经上海县主管当局批准给予南市内地电灯公司电车专营权。

▲ 1937—1941 年间，上海街区的公共汽车站正在上车的乘客

陆伯鸿为确定电车的首批行车营运路线，亲自带领工作人员去十六铺等沿黄浦滩一带察看白天的客流量，当时的十六铺以南至南码头一带，为上海的棉花、豆类、水果地货和南北土特产的市场。“百货山积，人马喧闹”，客流量较大。最终确定华界第一条电车线路为小东门至高昌庙（今高雄路）一线。1913年2月，上海华商电车公司成立，旋即着手电车工程的筹建。陆伯鸿向德国厂商购买路轨和电线电机及零部件，向英国厂商购买车辆，把部分安装任务交给上海求新制造机器轮船厂，电力则由内地电灯公司供应。同年3月动工建设，在马路上施工铺轨，是年8月11日，华商第一条有轨电车线路建设完成，从小东门至高昌庙，全长4 970米，正式通车营业。颐安主人《沪江商业市景词》称赞道：“洋场马路阔而平，南市前经仿筑成。新筑浦滩外马路，电灯巡捕一章程。”

▲ 20 世纪 30 年代，南京夫子庙附近公交车的售票员

为了扩大南市华商电车的影响，招揽乘客，陆伯鸿特地在每辆电车车头上端安装了绿、白、红三种颜色的三盏电灯，以显示其名字的谐音“绿、白、红——陆伯鸿”。1913年8月11日，华界由华商经营的第一条有轨电车线路1路正式通车。这时，距租界出现第一辆电车的时间仅隔5年。华商电车的成功使陆伯鸿成为上海华商公交的奠基人和开拓者，值得后世铭记。

▲ 20 世纪 30 年代，上海街头的公交车，乘客正在上车

华商公交南市电车公司创办后，车辆、线路逐年增多。1914年，华商电车公司与法商电车公司订立合同，开辟从小东门沿民国路（今人民路）至老西门线路3路，其中南侧由华商自铺轨道，北侧由法商铺设轨道，各自单向行驶，自负盈亏。次年2月开通。1916年2月，开通从小东门经中华路至老西门的第三条线路2路。3路电车确实早于2路电车开通，主要与线路规划与道路建设进度有关。1918年1月，开通第四条线路4路，从老西门经中华路、黄家阙路、车站路（今南车站路）至高昌庙（今高雄路）。4条

▲ 20 世纪 30 年代，行驶在沪闵南柘路上的长途汽车

▲ 1945 年 2 月，上海街头的双层巴士与疾驰黄包车

线路总长23 000米，配车50辆，大大方便了上海华界南市民众的市内交通。

1918年，华商电车公司与内地电灯公司合并，组成上海华商电气股份有限公司。直至1937年淞沪抗战爆发，日军对南市实施狂轰滥炸，电厂停电，电车停驶，轨道大半被毁。南市被日军占领后，电车路轨大部分被拆除，抗日战争胜利时已所剩无几。因为无力恢复，华商电车再也未能在街头重现。

中国近代实业家陆伯鸿，1875年出生于上海老城厢一个信奉天主教的家庭，18岁考取秀才，曾在法租界中法学堂求学，毕业后赴法国留学。1905年，陆伯鸿作为上海总商会代表，赴美国、意大利、瑞士等国考察，大大拓宽了他的眼界。陆伯鸿深感先进工业是国家迅速发展的强大动力，激发起“实业救国”的强烈愿望。1913年，陆伯鸿还在浦东创办和兴铁厂，之后吸资并扩建，能生产优质竹节钢，曾供应江海关大楼、沙逊大厦、法商自来水厂和南京中山陵等工程。此外，他还创办大通仁记航业公司，接办上海闸北水电公司。

陆伯鸿不仅创办企业，还积极从事社会慈善事业，先后创办了新普育堂、北桥普慈疗养院、圣心医院、中国公立医院、南市时疫医院、杨树浦诊疗所、北京中央医院（合办）等多所慈善机构。1928年，上海举办国货展览会缺乏场所，陆伯鸿把新普育堂的房子和场地无偿提供给展览会。

▲ 20 世纪初，洋人在上海开设出租汽车公司。图为由外国人驾驶的出租汽车

▲ 20 世纪 30 年代，搭乘出租车出行的青年

出租汽车满街游

——出租汽车

在民国时期的竹枝词中，出租汽车不仅是一种交通工具，更是一个承载着时代风华与市井百态的载体。《民国日报》当年有首竹枝词“夜上海，灯红酒绿，出租汽车满街游”，描绘了当时城市夜生活的繁华景象。在竹枝词中，出租汽车也成为城市重要的意象。一方面，出租汽车代表了现代文明在城市生活中的渗透，如《申报》上的一首竹枝词所言“车声辘辘马萧萧，出租汽车似穿梭”；另一方面，出租汽车也成为了社会阶层分化的一种象征，如《北洋画报》上的一首竹枝词“车中美人颜似花，车外苦力汗如雨”。

出租汽车作为现代交通的代表，逐渐在我国城市街头崭露头角。随着城市道路改善，乘客的用车数量也随之上升，并且华人逐渐成为主要的消费者。当时的出租汽车分两种类型：一种是以轿车为主的豪华车型，主要服务于上层社会；另一种是以福特汽车为代表的平民车型，面向广大市民，方便大众出行。据1922年的《上海指南》统计，1921年上海的出租车公司有24家，到1926年发展到51家。1928年上海出租汽车业联合会成立，当时参加的46家出租汽车行，共拥有500余辆出租汽车，占到全市出租汽车的95%。1932年“一·二八”淞沪抗战爆发，严重打击了上海工商业的发展。此时，大部分车行经营亏损，很多公司不得不关门歇业。战争结束后，经济缓慢复苏，出租汽车行业也迅速恢复，甚至还一跃超过了战前的规模。1935年至全民族抗日战争爆发的几年间，是民国上海出租车汽车业的巅峰时期。当时，上海的出租车行业有4家公司经营十分出色，这4大公司分别是祥生、云

▲ 20 世纪 30 年代，祥生出租汽车公司第三分行门景

飞、泰来和银色汽车公司。其中云飞、泰来是外商，而银色和祥生是华商。为了争夺业务，中外双方竞争十分激烈。

值得一提的是祥生出租汽车公司，在上海近百家出租汽车公司中，祥生公司风头之劲，发展之快，超过外商经营业绩，盖过了外商出租汽车公司。祥生老板周祥生，浙江定海人，13岁起到上海当学徒，他的成长有一番传奇故事。1932年元旦，周祥生正式组建了祥生出租汽车股份有限公司，公司总部设在北京路西藏路口。一夜间，清一色湖绿的雪佛兰新车，如一股清风吹遍了上海的大街小巷。祥生汽车的前后左右和车顶上，都漆了祥生的商标和电话号码，十分醒目。甫一成立，周祥生就立下远大的目标，要求公司做到“规模最大，设备最全，训练最严，侍应最周，车辆最多，车身最好，分站最广”。

▲ 外商在上海开办的银色出租车公司

▲ 20 世纪 30 年代，上海龙门路路口南侧云飞汽车出租公司

20世纪30年代，随着电信业的发展，装有电话的人家多了起来，电话叫车，不仅方便，也更时尚。电话叫车，图的是方便快捷，电话号码的通顺易记，朗朗上口，就成为各公司打入市场的看家本领。当时云飞的电话号码30189，谐音“岁临一杯酒”；银色公司的30030，也简单好记。1931年，周祥生将印着祥生出租叫车电话40000的广告日历，发往各大公司企业写字楼的时候，忽然眼睛一亮，在全国人民同仇敌忾抗日救亡的号角响彻神州之际，“四万万同胞，打四万号电话，中国人应坐中国车”，他喊出了一句蓄积于胸的成功与正义的口号。从此，祥生统一宣传语、统一服装、统一标志、统一颜色，在上海滩打出了一个响当当的牌子。

祥生汽车公司有优良服务严格管理的经营原则，日夜服务随叫随到，安全、舒适、服务周到。这一原则使祥生在同行业竞争中赢得了优势。祥生规定，乘客上门叫车，即使是半夜，汽车也必须立即出发，不得耽搁。无论何时何地，驾驶员要下车为乘客打开车门，帮年老体弱者安放行李，服务亲切自然、动作迅速。万一客人表示不满意，司机不但要当场向乘客道歉，回公司后还要受处罚。祥生公司的规章制度极其严格，凡乘客遗留在车上的物品要一律上交，隐匿不报者要受处罚，甚至开除，而上交贵重物品的司机可以得到奖励，因此乘客坐祥生的车都有一种安全感，偶有什物遗忘在祥生车上，一个电话就解决了问题。那个年代，有此热忱为乘客着想的周到服务，真是太难得了。

靠右边行分两旁

——行车靠右

当电车、汽车等公共交通工具广泛引入城市交通之后，由于交通工具的多元化，真个是“车水马龙路难行，人潮汹涌车如龙”。城市交通逐渐呈现出繁忙的态势，机动车和非机动车争道，交通状况复杂

▲ 20 世纪 30 年代上海街景，交通呈现繁忙且拥堵的状况

▲ 1937 年上海郊区公路上奔驰汽车试驾情形

▲ 20 世纪 30 年代，南京马路中间站着一位指挥交通的交警，好像还带了把盒子枪

▲ 民国上海交通事故车祸现场勘察情形

且混乱。车辆种类繁多，道路拥堵问题日益严重，在这种背景下，管理当局开始关注交通安全问题，并着手制定交通规则。

当晚清汽车进入中国之前，中国还没有出台交通规则。汽车的进入，各种交通工具在行驶过程中，有的靠左，有的靠右，势必引发交通的混乱。交通规则的不统一，很容易造成各种交通事故。1934年，当局推行“新生活运动”，特意颁布了《陆上交通管理规则》，当时实行的是左行通行制。规定汽车在公路上行驶时，一律靠左行驶。自那时起，中国的车辆开始靠左行驶。对于违反规定者，给予严厉处罚。1943年7月10日制定施行的《违警罚法》第58条第7款中规定，车马、行人“不按左侧前进，不听禁止者，处二十元以下罚锾或申诫”。

可是到了1945年，当时的政府又规定“行车靠右”的规则。于是，向左乎？向右乎？这就成了问题。据说“行车靠右”的规则是向美国学习的结果，由于美国实行靠右行驶的交通规则，因而所有汽车的方向盘都在左边。如果要在中国的道路上行驶美国汽车，就必须将这些美国汽车的方向盘进行改装。改装需要一大笔费用，甚至是一笔巨大的开销。1945年12月31日《申报》刊登文章说：“改装费须达车价百分之十二。统计全国车辆因改装而支出之费用，殊为浩大。”既然改装费用如此巨大，那么为什么不修改我们的交通规则，改成汽车“行车靠右”的规则来行驶呢。

1946年2月9日《申报》刊文说：“（抗战）胜利的前夕，在后方诸大城市中，如重庆、昆明、成都、贵阳等地，因为军用汽车云集，运输量激增，均有行车秩序混乱的发生，及肇祸伤人的不幸事件。”既然美国军车不适应靠左行驶的交通规则，唯有将交通规则改为靠右行驶，才能避免交通事故的发生。于是，在1946年1月1日，当局施行《改进市区及公路交通管理办法》，将靠左行驶的交通规则，改为靠右行驶。1946年6月19日公布的《违警罚法》第58条第7款规定，车马、行人“不按右侧前进，不听禁止者，处二十元以下罚锾或申诫”。从此，中国的车辆一律靠右行驶。

然而，习惯不是一日成就的，要改变习惯也并非一蹴而就，特别

▲ 1945 年岁末，上海电车头前告示：“卅五年（1946）元旦起，各种车辆改为靠右行驶”

需要加大交通规则的宣传力度，通过各种渠道普及行车靠右的知识，逐步引导人们改变习惯，遵守交通规则。交通规则就像一条无形的纽带，将每一个交通参与者紧密相连，共同维护着道路的安全与畅通。

国民政府军事委员会运输管理局在1946年发布了14条汽车司机行车须知，包括行车靠右、自左侧超车、注意行人、发生危险时停车查看等。这些内容直到今天仍是人们耳熟能详、必须遵守的。晚清兰陵忧患生有一首竹枝词专写新交规颁布后的交通：“靠右边行分两旁，章程订立本周详。马车自有通融法，飞走中间亦不妨。”抗日战争胜利后，国民政府还都南京，为了洗刷日据时期的耻辱，发布的第一道交通命令就是“交通改右”，上海市政府随即跟进：事前扩大宣传，并作积极准备，如改装红绿灯，重建车辆月台，电车及公共汽车亦将车门改装在右，务使行车便利，不致因习惯的改变而增加车辆肇祸事件。

市巷通衢自指挥

——交警岗亭

自从19世纪末进入汽车时代起，车辆混杂、人车同行的矛盾尤为突出。英国伦敦首先出现了专门指挥交通的人，叫交通警察，也只是借助手势、鸣笛或者摁喇叭来作交通指挥。1868年伦敦街头亮起了第一盏机械的红蓝信号灯。可是，由于信号灯的能源是煤气，一次偶然的信号灯煤气光源发生燃爆，酿成事故。在一片指责声中，交通信号灯被打入冷宫。进入20世纪，美国汽车公司生产的大量小汽车上路行驶。1914年，美国人首次使用了以红、绿、黄三种颜色组成的圆形四面的电气式交通信号灯，安装在纽约市五号大街的一座高塔上。由于信号灯操作方便，安全可靠，城市交通秩序大为改善。因此，交通信号灯很快在全世界推广开来。

晚清之前，中国人还缺乏对于现代交通法规与交通信号的认知，

▲ 清末的上海，站在桥头上的警察

▲ 1928 年上海街道上的交通警示语

▲ 20 世纪 30 年代，上海市区的交通警察

▲ 20 世纪 30 年代，杭州街头的交通警察

有人撰写竹枝词道出了其时的状况：“车如流水去来忙，岗警维持手脚慌。乡人不识柏油路，疑是人家打稻场”“游罢归途日已斜，香车宝马乱如麻。火神庙内无人问，冷落东邻书画家。”现代交通意识和法治意识的缺失，社会公众对于交警这个行当很陌生，对现代交通常识也很是匮乏。

晚清之前，中国人没有交通警察的概念。“长街寂寂无车马，空见重门彻底开。唯有多情天上月，夜深仍照女墙来”，沿袭着几千年来“大治安”观念，实行“政刑不分，军警一体”的管理体制。社会治安通过团练和保甲制度加强对户口的管理，主要处理治安刑事。随着社会大变局以及西方现代城市交通法规意识的东来，清政府也试图变法维新，于光绪二十八年（1902）设立了工巡总局，主要掌管“督修街道工程，管理巡捕事务”。工巡总局实际上是管理市政、司法、警察的混合机构，只能算作中国警察最早之雏形，而不能算作严格意义上的警察机构。三十一年改置为巡警部，巡警部下的内、外城巡警总厅又辖警务课、路工局和卫生课，掌管城市建筑、交通和卫生事务。三十二年，巡警部改为民政部、巡警总厅等机构，职能上也作了调整。通过一系列改革，一个新的职业群体随之形成，负责管理马路交通和维持城市道路秩序。不过开始不叫交通警察，而是以巡警的形式在马路上出现，有的地方也称为巡捕。时人撰写竹枝词云：“市巷通衢自指挥，提刀策马走如飞。闾阎守望凭谁助？都在朱门队队围。”“日暖风和巷陌清，指挥界限最分明。忽然车马拥途路，急煞佳人恼煞卿。”

▲ 1946 年 12 月，南京国民大会堂会场外，交警和路过的马车

巡警厅制定了一系列的交通管理法规，如规定了马车、轿车等出行线路，禁止随便抢行、插车，不允许随意停车等，还是取得了一定的成效。有竹枝词云：“小巷难行窄且斜，订章出进口无差。条条路线分明甚，日后何愁再插车。”“人马纷纷不可论，插车每易见前门。而今出入东西判，鱼贯行来妙莫言。”

清光绪二十七年（1901）八国联军侵华后，清政府与列强签订了丧权辱国的《辛丑条约》。条约中规定八国联军在交还天津后，清政府不得在距离天津租界20 000米内驻扎军队，企图剥夺清廷在天津的驻兵权。还是一代枭雄袁世凯想出了“化军为警”的办法，在北洋军各镇中精选了3 000名兵士，训练成为巡警，开进天津，避开了“天津周围二十华里内驻扎中国军队”的嫌疑，重新将天津控制在中国人手里。而完整的交警制度，是在民国以后得以不断完善起来的。民国初期，江苏南通开始创办交通警察学校，专门培训交通警察人才。交通警察逐步从普通警察中分离出来，成为首批独立的专业警种。

1921年，上海的南京东路与浙江路路口安装了第一台红绿信号灯，开启了中国人道路交通使用信号灯的先河。起初交通信号灯只有红、绿两色，开关安装在交警岗亭电线杆下端，警察通过手扳开关来变换交通信号，只是往后才逐步改进和完善起来的。

雅号如何叫阿三

——红头阿三

近代华人对“红头阿三”这个略带戏谑的称号记忆犹新，这个谑称是近代华人对上海公共租界维持交通与治安的印度锡克族巡捕的蔑称；就像人们常说的“假洋鬼子”的文学形象一样，“红头阿三”的形象也是半殖民地中国的文化产物之一，反映着中印两国交往的一段悲惨的历史记忆。

▲ 清末印度交警在上海南京路浙江路口维持交通秩序

1843年，上海开埠之后，租界当局成立巡捕房。1884年，中法战争爆发，局势动荡，为防止租界发生骚乱，英国租界当局就在其殖民地印度招募锡克族人来上海英租界充当巡捕。第一批被招募的一共16名锡克族人，第二年又增加了50人。这些印度巡捕大多数是公共租界巡捕中的低级警员，充当交通警察，洋行、公司的门卫。清末民初上海洋泾浜英语，也叫“别琴英语”（pidgin English）的小册子里有通俗表达，谓“红头阿三‘开泼度’（keep door）”，意思是看门人。印度锡克族巡捕，“面黑如漆，头缠红巾，即华人呼之为红头苍蝇是也”。清宣统元年（1909）出版的朱文炳《海上竹枝词》曰：“红头黑炭实难堪，雅号如何叫阿三。待到黄昏拌一醉，当街胡闹不知惭。”印捕的引进，加强了公共租界的治安警卫力量，对于城市公共秩序的管理与社会稳定，还是有利的。但印捕执法简单粗暴，在交通要道上，手拎指挥棒，动辄驱赶棒打华人，也加重了中国人的苦难，引起华人普遍的反感与畏惧，甚至引发大众抗议。1889年2月5日，《申报》报道镇江添设的“红头巡捕”“禁令颇严”，执勤时打伤华人，引发众怒。数万人围攻巡捕房，火烧洋行洋房与英领事署。1898年来华的德国记者高德满对此曾有细致的观察，他说印度籍的巡警：“他们手拿一根又粗又短的棍子，打起人来很是野蛮。中国人很怕他们，没事的话，根本不敢走近他们。”创刊于1884年的《点石斋

▲ 20 世纪 20 年代，上海公共租界巡捕房印度骑警，民众俗称“红头阿三”

画报》曾多次报道过锡克族巡捕与印度人公开抢劫的不法行为。报道不仅对印度人抢劫的不法行为严厉指斥，而且还上升至对印度整个种族的批评，“印度为英之属国，其民长而黑，蛮野成性，犹有狉獉习气，初不知礼仪廉耻为何物”。作者由此感慨道：“然吾于此益见印人之不仁矣。”印度人因个别偶然性事件而遭整体性否定和贬抑，这反映出当时中国社会对印度人群体形象存有强烈的负面评价。

▲ 1908 年上海租界里的印捕

▲ 20 世纪 30 年代，印度交警坐在上海外白渡桥桥堍的交通岗亭里扳红绿灯

至于为什么被称为“红头阿三”，所谓“红头”，是指印捕头上所缠绕的红色头巾。凡印籍巡捕皆头缠红巾（实际上，印捕充任交通警、巡逻警的用红巾缠头，而任看守警的则为黄巾缠头），所以叫“红头”，至于“阿三”则是英语“Yes sir”的谐音。“Yes sir”的发音与上海方言的“阿三”相近，于是那些在英国警司面前齐声高呼“Yes sir”的“印捕”就被上海人叫作“红头阿三”了。1909年《申报》刊载小说《夜花园》讲述“吴二”“老三”与“雀头老四”相约，乘“亨斯美”马车到新闸路“夜花园”寻花问柳。“吴二”与“老三”均迫不及待地要乘车离去。“雀头老四”告诫他俩“须要小心，风头太健，要被红头阿三替你拉马”。这段描写堪称是“红头阿三”最早见于文本的文字。

由于锡克族巡捕本身是英国统治下殖民地的属民，他们在中国的领土上欺凌华人，引起华人强烈的反感，因此在转化汉语过程中，“阿三”称呼表达出华人对印捕的痛恨与鄙视嘲弄之意。对“红头阿三”形象的想象与塑造，反映出在半殖民地的文化语境之下，国人遭受殖民统治的体验与民族耻辱感受。晚清印捕以执法者与犯法者的面相，同时出现在当时的画报之中，对印捕形象的想象与塑造，呈

▲ 20 世纪 30 年代，印度交警在马路上维持交通秩序

现多维化的面貌，但其负面形象多指向印捕的非法行为。至20世纪二三十年代，伴随日益激进的中国民族主义运动，“红头阿三”形象代表了印捕这一群体的普遍化形象，它被附加了复杂的政治内涵：在政治化的革命阶级话语之下，它是“反动”的殖民主义者的代表符号，是帝国主义者的“帮凶”和英国殖民统治下的“亡国奴”，这种形象的塑造契合了当时革命运动动员大众的政治需要。在抗日救亡运动中，在漫画、诗歌、戏剧等多种文艺形式的塑造之下，这一政治形象得到固化。

第三章

崛起中的轮船运输业

江海两用的平底沙船，是从古代江南众多船型中发展而来的。它的发展是江南一带造船技术不断改进的结果。沙船业的发展孕育了一代新的“船商”，并从运输业中培育了最早的行业组织——商船会馆。

19世纪初叶，轮船航运业兴起于欧美诸国，至鸦片战争后，西方列强凭借各种不平等条约，在中国江海主要航道横冲直撞、恃强凌弱，使中国江海航运权不断丧失，西人开设的轮船公司逐渐形成垄断之势。1872年李鸿章为争利权而办的轮船招商局成为清末设立的第一家航运企业。然而，由于其特有的封建权利，也抑制了民族轮船航运业的勃兴。

1895年甲午战争失败后，清政府被迫开放内河轮船航运，民办内河航运业始有所发展，此后，直到1900年的五六年间，各地先后兴办的轮船公司或轮船局近百家，方便了行旅往来。1898年《申报》曾记叙道：“内地通行小轮船，取费既廉，行驶亦捷，绅商士庶皆乐出于其途。”20世纪初叶的10年间，大中型民族轮船企业在帝国主义的压力和封建主义的夹缝中求生存，先后创办了46家轮船航运企业，至辛亥革命时尚有3家继续经营，改变了在轮船招商局之外“不得独树一帜”的局面。

20世纪初年，随后爆发的第一次世界大战，各国在华航运轮船纷纷回国，给民族轮船航运的发展创造了良好的条件，其标志就是建成了一批较具规模的民族大中型轮船企业和集团，开创了民族资本涉足江、海主要航线的新局面。第一次世界大战后，外国航运势力又汹汹东来，中国轮船航运业受其排挤而步履维艰，发展滞缓。但由交通部航政司主管全国航政，中国轮船航运业在艰难中有所发展，其中以1925年由重庆卢作孚等创办的民生实业公司发展最为显著。

全民族抗日战争爆发后，随着沿海地区相继沦陷和政治经济中心的西移，航运业的构成出现新态势，原先经营沿海航线的大公司损失惨重，轮船招商局一蹶不振，三北轮埠公司受损严重，而民生公司挟天时、地利、人和之优势，得到更大发展，船只最多时达116艘，3.6万余吨，始终执川江航运之牛耳。抗日战争胜利后，列强已放弃在华航行特权，百业待兴，需求激增，航运业得以复苏，一度呈现出前所未有的繁荣景象。

▲ 1928 年太湖支流吴淞江上的帆船

▲ 20 世纪 30 年代，太湖里的木帆船

使船事本属吴儿

——太湖渔船

太湖位于长江三角洲的南缘，古称“震泽”“具区”，又名“五湖”“笠泽”，是我国第三大淡水湖，自古以来便是江南水乡的发源地和象征。太湖是江南的母亲湖，茫茫荡荡，烟波浩渺。千百年来，它以优良的水质、丰富的水产哺育着环太湖流域的百姓，它以积淀深厚的水文化、渔文化滋养着江南的子民。与太湖接触最为密切的自然是世代生活在这里的渔民，八百里太湖是渔民生活的全部世界，太湖渔民世代以操舟为业，出入江湖，动必以舟，如履平地。

太湖渔船是渔民的家。明代郑若曾《江南经略》记载：“（太湖）渔船最大者曰网罟，其次为小鲜船、剪网船，最小为划船。”古代文献中，有一桅、二桅的小船，也有太湖五桅、六桅的大船。渔船上的帆，渔民不称“帆”也不称“桅”，而是叫作“扇”，例如三桅船就叫作“三扇头”或“三扇子”。其中最引人瞩目的是六桅船，相传是春秋时范蠡所造。诗人袁学澜《适园丛稿》卷五《续咏姑苏竹枝词百首》注云：“太湖六桅船，即范蠡移家船。”历代《苏州府志》

▲ 20 世纪 30 年代，上海黄浦江上运输货物的大型货运帆船

亦有“或云是范大夫移家具”的记载。晚清之后，太湖渔民在六桅基础上又增加一桅，因此，七桅是太湖中最大的渔船，载重量60吨左右，因有七桅七篷，俗称“七扇子”，它是太湖里的“巨无霸”，曾经是太湖中一抹亮丽的景色，一道流动的风景。

太湖地区渔猎先于农耕。早在一万多年前的旧石器时代，太湖的先民们由“竭泽而渔”“棒打石击”等徒手捕捉的原始渔业，逐步发展到在水中堆石块，集树枝截鱼类，或用简单的鱼梭、鱼镖等原始工具捕鱼的“梁子渔业”，从“梁子渔业”进而发展为“持竿垂钓”“钩钓矢射”和“结绳为网”“叉刺网捞”的专业渔具捕捉。而结绳为网而渔，则是渔具发展的重要突破。唐宋时，太湖渔业捕捞已日益兴盛，当时渔民“以鱼入市，必击鼓卖之”。宋时以鱼入市更盛行。范成大《吴郡志》卷二记载：“吴俗以斗数鱼，今以二斤半为一斗，买卖者多论斗，自唐至今如此。”明代时在太湖从事专业捕捞的渔民比比皆是，出现了“渔家处处舟为业”的景象。清代，太湖渔业捕捞更为发达，古诗云：“香幽隔浦闻渔唱，一网拖来数万钱。”清康熙《常州府志》卷九也记载：“滨湖（太湖）之民，多以捕鱼为业。”民国初期，太湖大船纷纷将篾篷改为了布篷，渔网等捕捞工具也有了较大改进，渔业产量有了很大提高，太湖的渔业捕捞得到了进一步发展。当时曾有民谚云：“农民牵三日三夜砻，不及太湖渔船一枷风。”特别是大船渔民，一般经过一年的辛勤捕捞，除一家开支外，大多数尚有

▲ 20 世纪 40 年代，浙江桐庐渔民抓到一条鲥鱼，满心欢喜

▲ 民国时期湖里的帆船，风正一帆悬

盈余。历代的太湖渔民积累了丰富的渔捕经验，形成了具有鲜明地域特色的捕捞习俗。他们凭借丰富的经验，总结出一套独特的捕鱼技巧，善于观察鱼群的动态，利用鱼群的习性进行捕捞。每年5月下旬至6月中旬的10多天是银鱼汛，属太湖的大鱼汛，一汛的产量占全年的百分之六十至七十。每年11月，则是太湖银鱼的秋汛。梅鲚汛、白虾汛在每年8—10月。白鱼汛在每年7—8月。此外，渔民们还善于制作捕鱼工具，如渔网、鱼簖等，以提高捕鱼效率。

太湖渔船，种类繁多，形制各异，大小不等。小型渔船形式多样，风帆、摇橹、划桨者兼而有之。太湖渔船作为太湖流域水乡文化的重要载体，其种类、形制与功能深刻反映了当地渔业生产和水上生活的历史脉络。清吴庄《六桅渔船竹枝词》云："好风忽发五更时，放脚湖心似马驰。旋折六帆骑浪走，使船事本属吴儿。"渔民们生活在湖上，对大自然充满敬畏之心。每逢佳节，渔民们便会聚在一起，举行各种民俗活动，如舞龙灯、划龙舟、唱船歌等，通过口口相传，将丰富的渔民文化传承下去。如渔民歌谣、民间故事等，太湖渔船的形制演变，是一部浓缩的水乡发展史——小型渔船承载着渔民的生存智慧，大型货船见证了流域经济的兴衰变迁。如今，当电动游船取代摇橹渔船，当集装箱货轮驶过三桅帆船旧址，这些曾经的水上主角已化作文化基因，融入太湖的波光云影之中。正如明代诗人文徵明在《太湖》中所写："岛屿纵横一镜中，湿银盘紫映芙蓉"，船只是流动的诗行，在湖面上书写着人与自然共生的永恒叙事。

争歌子夜无字腔

——内河夜航

江南水乡，居民依水而成聚落，小者为村、为市，大者为镇。明清江南地区的市镇，大多为地方性的水上交通枢纽，通常设有颇为完整的交通设施，以便与四乡甚至府、州、县城保持密切而又畅通的联

▲ 20 世纪 10 年代，上海十六铺金利源码头的老式轮船

系。内河航运是指利用国内的河流或内陆水道进行的航运活动。清袁景澜《吴郡岁华纪丽》记载：“吴中乡镇四布，往返郡城，商贩必觅航船以代步，日夜更番，迭相来往，夜航之设，固四时皆有之。”至于航船名色种类，各地称谓不一，如江北有“满江红”“南湾子”，而在无锡，则称“无锡快”“网船”。内河航运相较于陆路运输方式具有很多优势，包括运量大，运输成本低等。在明、清两代，航船是定期往来于埠头、码头甚至城乡之间客货兼运的内河船只。若是路程较短，仅仅在白天开行，则称“航船”。如史载浙江临水州县各乡，均有航船，“男女老幼，杂处其中。以薄暮开驶者为多，解缆时，鸣锣为号，以告大众”。若是路程较远，需要跨州县甚至跨省，则昼夜开行，称为“夜航船”。船上客都是萍水相逢，当时远非信息时代，没有轰动一时的八卦评说，船内各行各业的人以闲谈消遣，一来二去，得到暂时的满足，在交通工具上闲谈打发时间，内容也包罗万象。

近代之前，江南地区独特的水乡航运网络和航船线路，大抵可以分为省内航线和跨省航线两大类，而又以前者为主。所依赖的乘船工具，主要靠以人力行驶的木船及人力、风力相兼的帆船。上海开埠后，苏州、杭州、无锡、常州、南京、嘉兴、湖州等城市，因江河海航运的衔接，与宁波、南通、镇江等构成以上海为中心的江河海航运体系的主要支点，成为上承下达的地方性客货集散疏运点。江南一带传统的快航船、帆船用人力和风力驱动，但不堪重负，难以远航。

1860年开放长江，由蒸汽机、汽轮机、柴油机、燃气机等驱动航行的轮船通航，数千艘帆船被逐入支流，沿江木帆船受到强烈冲击。长江三角洲境内江河纵横、湖泖众多，与国内大水系多有河道相通。舟楫便利的河道水系，为内河航运提供了得天独厚的自然地理条件。在明清时期的江南，航船是一种通称，它是一种定期的班船，其出发的时间是在白天，而且所行驶的航线多为路途较近之处，当天可以返回，不用夜行。但航程较远的航船，需要夜行，有些是从晚上起航，白天才能到达目的地，有的甚至要航行几天几夜，故有“夜航船”之名。明末清初文学家张岱明亡后拒不仕清，屏迹深山，但依然挡不住他将胸中学问汇总在一起，写就了有“明代小百科”之称的《夜航船》，其中一些名篇，至今读来仍让人饶有兴味。

▲ 晚清十六铺码头的兴旺景象

▲ 上海内河客运港口，开往宁波的客船

▲ 清末上海吴淞口，内河航行的“江福”号客轮

中国的公共空间无他，一般以茶馆、酒楼、神庙诸种形式呈现，接纳四方之客，既有旅客、商客，又有香客，人虽是流动的，场域却

▲ 1949 年 4 月，国民党败退，外侨撤出上海，客运码头一瞥

是固定不变。然许多的内河、湖泊、峡口，千百年来都是无比繁忙的航路。坐在内河夜航船里的人，也是三教九流，形形色色，从赴试考科的学子、回乡奔丧或者办事的官员、经商奔波的商人，到贩夫走卒、升斗小民、普通乡民，一个狭小的船舱空间，顿时也成为一个公共空间，且船体一直处于流动中，即使靠码头停歇，也是不断有客人上船、下船，并将城市、市镇、村落连接起来。这就借助于水乡独特的航行媒介，形成一个流动着的媒体，在明、清江南形成了一种独特的新闻、信息传播网络。尤其是残冬将尽，年节在前，外游的客子思念家乡心切，乘船回家。人坐夜航船中，“行人拥挤，长途灯火，肃肃宵征，瑟缩篷窗，劬劳堪悯”。清袁景澜作有《夜航船》诗云：“长宵归客趁吴舣，杂沓乡音聚短窗。宛守庚申同不寐，争歌子夜无字腔。瑰奇互说黎邱鬼，欢笑时惊断岸庞。柔橹咿呕相应答，鸟啼月落过寒江。”

航船出行，船工生活艰辛，再加之清末民初以来，汽船、汽车开始出现，以及内河火轮的广泛使用，显然对传统的航船业造成了不小的冲击，最终导致航船业逐渐趋于衰落。但即便如此，在公共汽车普及之前，仍然有许多航船活跃在水乡，承担一些短途运输服务。

沿滩渡口有船横

——义渡轮渡

民国时期，江南地区跨江、跨河的水上交通主要由轮渡承担，成为那时人们日常生活的重要一环。轮渡事业也迎来了快速发展。当时的轮渡不仅仅是交通工具，还承担着连接两岸经济、文化的重任。在众多渡口中，沿滩渡口因其独特的地理位置和丰富的掌故逸事而备受瞩目。以上海黄浦江为例，自明永乐年间开凿以来，黄浦江作为上海的黄金水道，为上海港从长三角区域性港口逐渐成为东方大港创造了自然条件，也为上海城市的兴起和繁荣奠定了基础。但也要看到，黄浦江形成后，就将上海分割为浦西、浦东两部分，晚近以来，黄浦江又长期制约着浦东的城市化进程。从明代起，浦江两岸，从上游米市渡起至下游吴淞口之间，长达80多千米的两岸形成了多个渡口和航线。

清末秦荣光《上海县竹枝词》云：“浦阔无梁阻旅行，沿滩渡口有船横。民捐官设都称义，普济东西往返程。”这里提到的“义渡”是黄浦江上曾经长期存在的一种渡口，大约起源于明朝，多为民间团体自发集资、报送官府批准设立渡口。过江者须支付适量的渡资，不足的部分则由官衙和慈善机构补贴。

明代的华亭县（今上海市松江区）境已设有米市渡等渡口，嘉靖二年（1523），上海县知县郑洛书看到摆渡船太少，就设立了高昌渡、南仓渡、北仓渡、洋泾渡、宋家港渡、车沟渡等六处义渡，给渡船13条。位于黄浦江河口段的嘉定县境，有小浜口渡、胡巷桥渡、

▲ 晚清上海南京路外滩铜人渡轮码头内部

钱家渡等，大致在今宝山区吴淞镇与今浦东新区高桥一带。清道光二十年（1840）第一次鸦片战争前夕，上海的渡运网络基本形成。黄浦江自闵行以下已有越江渡口20多个，张家塘渡、龙华渡、草庵渡、周家渡、高仓渡、南仓渡、北仓渡、永济渡、张家浜渡、老白渡、陆家渡、杨家渡、关桥渡、宋家港渡、白渡、芦子渡、桃树渡、下海渡、洋泾渡、杨树渡、东沟渡、南路渡等，吴淞江（苏州河）也有不少船渡，如头坝义渡、二摆渡、小沙渡、曹家渡、梵皇渡等。

清末年间，所有渡口的渡船，一般都是小木船，俗称“划子”，又叫“泥塌子”，这是当时平民百姓最常使用的黄浦江摆渡交通工具之一。渡船头尾扁平，尽管载重量有四五百斤，但终究经不起水浪的颠簸。船工或站在船头用竹篙撑船，或坐在船尾用木桨划船。运载的渡客最多也就四五人而已。舢板的船头略往上翘，吃水较浅，有利于避开大船驶过时激起的浪花，一弯窄窄的芦席篷，可让过江客人遮阳避雨。船身上横放着一支竹篙，就是船工赖以行船的唯一工具了。

开埠后，上海与苏南腹地直接相连的浦西地区发展迅速，浦东地区尽管沿江濒海，却因黄浦江阻隔，始终无法与浦西同享对

▲ 1900 年上海黄浦江上的摆渡小船，称为舢板

▲ 舢板、划子作为市轮渡的补充，对方便人们过江起过很大作用

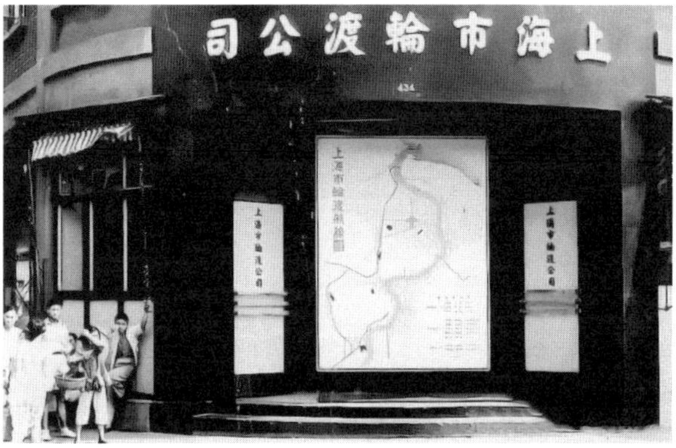

▲ 20 世纪 40 年代，上海市轮渡公司门景

▲ 1929 年 11 月 10 日，上海特别市浦江轮渡管理处定造的“上海特别市渡轮 1 号”投入试运行

外开放的实惠。到了20世纪初，这一矛盾越发突出，时有热心地方事业的有识之士提出，可以利用当时上海已初具规模的机器轮船制造业，来打造一个专门为黄浦江两岸通行提供便利的轮渡。

清宣统二年（1910）士绅谢源深（现今浦东新区源深路就是为纪念他而命名）主持的浦东塘工善后局率先开办了机动船渡江业务。同年农历十二月初五，即公元1911年1月5日，上海地方自治机构塘工善后局为便利办公起见，租赁“安泰”号小火轮，可载客三五十人，由浦东东沟内港码头直驶南京路外滩铜人码头，并附载旅客，酌收渡资。这是上海官办或称公营轮渡的雏形，设施尽管简陋，但毕竟是国人在黄浦江两边建造的第一个公营轮渡设施。

进入20世纪30年代后期，上海迎来了城市发展中的一个阶段性高潮，已初具近代化工业规模，服务于这些企业的大量员工，每日往来黄浦江两岸通勤，所依靠者，唯有轮渡而已。1937年“八一三”淞沪抗战爆发后，上海市轮渡当局所属大部分渡轮被日军征用，很多码头设施毁于炮火，损失惨重。抗日战争胜利后，上海市政当局从日伪政权手中接收的轮渡设施，几乎不堪其用。而限于当时的经济条件和政治局势，加之社会动荡，民不聊生，当局并无多少可供其施展抱负的空间。所以，想使轮渡业有一番更大的作为，在1949年上海解放之前，实际上只是一场难圆的梦。

▲ 建于清康熙年间的商船会馆，由崇明、南通和上海的沙船业主和沙船商行合资建造

惯驾沙船走北洋

——沙船兴衰

相传在公元前200年的汉代便已出现帆船，到了15世纪，中国帆船发展到鼎盛时期，造船工艺和技术均处于世界前列。中国古代有“四大名船”之说，一般认为是福船、广船、沙船和鸟船。

“福船”产于福建、浙江一带，主要行驶于中国南海和远海航线的尖首尖底海船，形体高大，吃水较深，有双舵设计，深海浅海均能进退自如，适合做航海战船。郑和下西洋的船队也多采用尖底、深吃水、长宽比较小的福船船型，称为“宝船”；“广船”产于广东，是广东各地大型木帆船的总称。其形头尖体长，梁拱小，甲板基脊不

▲ 清末至民国江南的沙船，沙船载重量大、吃水深，可张五帆，行船迅速，适航于长江和北洋航线

高，结构稳固，在海上能频频摇摆且不易翻沉；“鸟船”产于浙江沿海一带，因船首形似鸟嘴，故称鸟船，其体积小，行进速度快，船首和船尾常饰有民俗彩绘，舷前部雕饰龙目或鱼目、鸟目，其上加饰绿色漆带，所以鸟船也俗称“绿眉毛”。

▲ 清末黄浦江上的中国大货船，又称沙船。最多时达 3 500 艘

▲ 清末专走海运的沙船

沙船是清代最主要的海运之船，因其船底较平，吃水浅，所以受潮水影响较小，安全性高；又因其多桅多帆，顺风逆风都可以行走，适航性较好；且沙船底平，篷高，船宽而稳，进退自如，便于操控。最主要的还与上海所处的地理自然条件有关，上海地处长江口，当时长江以北的海洋称为北洋，以南称为南洋。同治年间的《上海县志》卷一《风俗》中记载：“由南方运往北方的棉布之类货物谓之南货，由北方运往南方的豆饼类货物谓之北货。”当时北方的物产多有经北洋运送到上海一带，再通过长江进入内陆或者南洋的，反之亦然。由于南北洋的海浪特点不同，北洋适合平底船航行，南洋适合尖底船航行，南船不能北航，北船不能南航，南来北往的货物往往要在上海附近换船。这就催动了上海造船和航运事业的蓬勃发展。

明代具有代表性的平底海船就是沙船，多见于长江口附近和长江口近海的太仓、松江、通州、海门。沙船的使用范围逐渐扩大，活动区域不仅在崇明岛附近的海域，还在长江及黄浦江等内河水域航行。清代的沙船航运已经具有相当大的规模。例如，道光年间有关海运的记录《见闻续笔》卷二收录的嘉庆十四年（1809）齐彦槐的《海运南漕议》这样记载：“沙船聚于上海，约三千五六百号。其大者载官斛三千石，小者千五六百石，船东皆崇明、通州、海门、南汇、宝山、上海土著之富民。”

清道光六年（1826），海运出发港从原来的刘家港改为上海港，此时上海地区的沙船业快速发展，有大小沙船5 000多艘，众多沙船依照不同航线，走山东的沙船称“卫船”，到福建的沙船称“南船”，行宁波的沙船称“宁船”，在长江口行驶的沙船称“鸭尾船”，还有被称为“无锡快”“江北快”的沙船。在上海东马家厂（今董家渡会馆街）成立以崇明籍和上海船商为主体的商船会馆。清末秦荣光有竹枝词曰：“惯驾沙船走北洋，船头四望白茫茫；得归幸庆团圆会，天后城隍遍爇香。”说船工们每次驾船出海时，一定先要到上海县城内的天后宫或下海庙烧香祭拜，反映了当时的沙船业之盛。

“五口通商”之后，沙船业的前景也黯然失色，沙船无论在速度、运载量还是安全性方面，都远不如当时西方的夹板帆船，更比不上新式轮船。1858年，上海外国船舶平均运载量约为每船350吨，而清末沙船的运载量最大的约为250吨，小的大约运载5吨。西式船舶船身坚固，从1844年到1858年，短短14年间，进入上海港的外国商船从44艘激增到754艘。在两次鸦片战争之后，西方列强又逼迫清政府进一步降低关税。又逢国内愈演愈烈的太平天国运动，财政本就捉襟见肘的清廷只得在国内征收重税，使得洋船和华船之间的税率悬殊。难以承受的高税赋给沙船业带来的伤害巨大，一个接一个遭受重

▲ 20 世纪 30 年代，停泊在上海港黄浦江边的沙船近景

创，仅仅依靠清朝传统的漕运利润已经难以维持，当时许多船工沦落成街头乞丐，曾经风光的沙船行业彻底没落。

随着列强势力的进入和机器轮船业的冲击，沙船业在整体上江河日下，缺乏应变与革新的能力，与本土其他行业的经济联系也显得脆弱，大变局之下，遭受西方轮船业冲击时，沙船业的整体衰败就不奇怪了。

吴淞从自进艨艟

——轮船招商

鸦片战争之后，西方的蒸汽机轮船大举入侵，来到中国，一系列不平等条约签订之后，清政府不得已逐渐开放了多个城市作为通商口岸，可仍然满足不了西方列强的胃口，他们要得更多，企图将贸易范围扩大到整个长江流域。宽阔的江面上驶满了冒着滚滚浓烟的西方轮船，给江

▲ 1875 年的旗昌洋行，如今的外滩 9 号轮船招商局大楼就是在楼前的花园上建造的

▲ 建于1901年，由英商玛礼逊洋行设计的轮船招商局大楼（今外滩9号）

南乃至全中国内陆航运业带来了沉重打击。从上海驶向武汉的长江黄金水道上，经常发生撞船事件。西方轮船大多有钢铁外壳，江南的木质帆船当然经不起这种野蛮的碰撞，后果是船直接被撞断，甚至船毁人亡。每次事故后，当地百姓和船员家属，大多会一起找到衙门告状，要求外国人给出应有的赔偿。然而丧权辱国的清政府和贪生怕死的官吏，最终都选择忍气吞声，他们无力来保护苦难的普通百姓。

当时，看到“我朝处数千年未有之奇局”的“大清裱糊匠”李鸿章坐不住了，以他为首的洋务派势力，对于“各国通商以来，中国沿海、沿江之利，尽为外国商轮侵占”的形势深为忧虑，遂上奏折欲筹建一支由二三十艘轮船与近百艘机帆船组成的华商船队，作为“渐分洋商之利”的基本力量，1872年12月23日，李鸿章向清廷奏呈《试办招商轮船折》。12月26日，奏折得到清廷批准，成立轮船招商局。招商局虽然是洋务派图强革新的修修补补，倒也创立了中国工业史上的众多第一，成为中国民族航运业的象征。

由于筹划周密、准备充分，招商局很快创办起了中国近代第一支蒸汽动力商船队。1873年3月，“永清”号首航天津，开辟北洋航线。1873年8月，招商局的第一艘轮船“伊敦”号首航日本神户、长崎。1879年10月，招商局“和众”号试航美国檀香山；1881年10月，招商局“美富”号穿越苏伊士运河前往英国开辟中欧航线，标志着中国近代民族航运业开始走向世界。当时有人写下了竹枝词云：“和议初成五口通，吴淞从自进艨艟。而今三十余年后，风景繁华互不同。”轮船招商局开通的通商之路，客观上也促进了中国的乡村城市化、城市近代化的进程。

▲ 轮船招商局的豪华游轮“海气”号，1930 年英国制造

▲ 20 世纪 40 年代，上海汇山轮船码头

轮船招商局初创时资金尚不足20万两银。李鸿章只得将招商局由官办改为官督商办，委任唐廷枢为总办，徐润为会办。这一改革在商界和社会上引起普遍反响，入股者踊跃，100万两银很快招齐。之后，招商局决定再招100万两银。徐润又认股24万两银，另外招徕亲友继续入股。这样，由徐润经手募集的股金占招商局全部资本一半以上，使招商局资本充实，运作自如。因总办唐廷枢兼办开平煤矿等其他诸务，一年中有大半年不在局里，招商局实际上由徐润主持。有必要说一下徐润其人，徐润（1838—

▲ 1948 年轮船招商局股份有限公司股票

1911），广东香山（今广东中山市）人，近代中国著名的买办、商人、民族实业家，他与唐廷枢、郑观应、席正甫并称为晚清“四大买办”。在近代著名的洋务运动中，中国最大的经济实体就是轮船招商局。1873年，徐润受李鸿章委托，担任“轮船招商局”会办，与唐廷枢等创办“仁和”“济和”水险公司，经手购买美国旗昌洋行船只，为轮船招商局的发展奠定了坚实的基础。1881年，大清国的国有企业开平煤矿，终于产出了第一批煤，并迅速占领了天津市场，带动开平煤矿股票在上海股市飞涨，上海股市投机氛围逐渐变得浓厚，徐润在此期间兼任“开平矿务局”会办。在主持轮船招商局经营事务期间，徐润采用先进的经营管理方法，明确规定招商局的经营以揽载为主，漕运为次；并开办保险公司，承担营运风险。收购美商旗昌轮船公司，使招商局的规模和实力大增，从而控制了长江航运、沿海航运的大部分经营权，奠定了中国近代航运业的基础。

轮船招商局的意义并不仅仅是一家航运公司。在其存在的近百年间，它还涉足保险、银行、采矿、纺织、教育等多个领域，开设了多家子公司，如仁和水险公司、中国通商银行、开平矿务局、江南机器织布局等。这些子公司在各自领域都取得了显著的成就，对我国近代工商业的发展也产生了深远影响。

“官督商办”模式，也是那个年代创新轮船招商局的一个特色，这一模式打破了晚清洋务企业纯粹官办的格局。招商局采用股份制，开我国近代企业股份制先河，为后世企业提供了有益的借鉴和启示。

帆樯衔尾往来忙

——民营船队

1866年4月，中国人徐寿将他主持建造的“黄鹄”号轮船（明轮）在长江南京江段首航。轮船以顺水4千米、逆水8千米的时速前进。“黄鹄”号是中国人设计建造的第一艘轮船。1873年7月，轮船

▲ 1904 年创建的上海大达轮步公司

招商局所属240吨轮船“永宁”号从上海出发，挂轮船招商局旗，开航镇江、九江、汉口，标志着中国轮船首航中国内河。这也是长江上第一艘投入营运的中国轮船。

近代长江航运历史上机动客船以海船进江和订购国外江船为主。1877年3月1日，招商局正式收购在华开办最早、规模最大的外商航运企业——美商旗昌轮船公司。这是中国民族工商企业第一次收购外商资产，也使招商局在长江营运船舶实力大增，与英资太古、怡和轮船公司在长江形成三足鼎立之势。

据晚清日本驻汉口领事馆领事水野幸吉1905年完成的著作《中国中部事情：汉口》所记录：“1905年，航行长江上海至汉口段的轮船中，日本4艘、英国14艘、德国5艘、法国3艘、中国5艘；航行长江汉口至宜昌段的轮船中，日本2艘、英国3艘、中国2艘。”引人扼腕长叹的是，在中国浩瀚奔流的长江上，外国轮船很多，中国轮船却显得势单力薄。

进入民国时期，由于长江流域铁路公路的匮乏，加之火车、汽车稀少，且资费昂贵，轮船票价相对低廉，受广大百姓欢迎。这种态势给发展民用水上航运带来了希望，许多爱国人士义无反顾地挺身而出，有钱出钱，投资造船，众人集资，抱团取暖，一起来发展民间的船队，重庆合川人卢作孚就是其中杰出的代表人物，卢作孚是长江航运民生公司的创始人、中国民营航运业先驱，有“中国船王”“北碚之父”之美誉。

卢作孚（1893—1952）幼年家境贫寒，辍学后自学成才，自己编著多本教材；1910年，加入中国同盟会，从事反清保路运动，投身辛亥革命。1914年，担任合川中学教师，之后先后任报纸编辑、主编、记者。1925年，创办民生公司，陆续统一川江航运，迫使外国航运势力退出长江上游。开辟嘉陵江航道时，整个川江航业竞争十分激烈，甚至可以说是十分残酷。先是外国轮船公司企图垄断，还有多个民营轮船公司尔虞我诈，互相杀价，争夺运务，以致各家公司都陷入不能维持日常开支的困境。卢作孚为了改变这种局面，及时投入资金，于1929年将总公司由合川迁到重庆，向川江各家公司提出以收购轮船或合资的方式走联合经营之路。有一首描写轮船航运的竹枝词：“专备沙船各装货，帆樯衔尾往来忙。分途编号轮流放，赢得资财未可量。”其中“帆樯衔尾往来忙”一句，拿来反映民生轮船公司船队在长江上的航运，倒是很形象的。

▲ 1926 年民生轮船公司建造的第一艘客货轮“民生”轮

▲“江亚”轮原为日本船。抗日战争胜利后，中国军方接收并转交上海轮船招商局营运，改称“江亚”号，其航线固定为上海至宁波——12 小时的短程航线。后该轮船发生海难

1925年，卢作孚创办民生

航运公司之时，公司规模还很小，全部家当只有一艘70吨位的小客轮。但卢作孚为公司制定的宗旨是“服务社会，便利人群，开发产业，富强国家”。1926年7月23日，“民生”轮从重庆启航，满载乘客到合川，开启嘉陵江上从来没有的定期客运，以便利南来北往的人群，明确表明民生航运公司的创办，不是为了个人的发财致富，而是为了中国独立自主的民族航运事业和国家的繁荣富强。1931年，民生公司合并了7家轮船公司，接收了11条轮船；1932年，又合并4家轮船公司，接收了7条轮船，并收购一家英资轮船公司。也在这一年，民生的航线首次延伸至上海。1934年，民生公司不但控制了川江航线，在长江中下游也占有重要地位——川江上7成业务由民生公司承揽，中下游航线业务亦占三分之一，成为当时最大的民营航运企业。

在日寇侵华、国家民族危难之际，卢作孚和民生航运公司始终以国家利益、民族利益为重，宁肯公司吃亏，也绝不发国难财。如在宜昌大撤退中，船少而乘客拥挤，货物也是堆积如山。应该说，这正是轮船公司哄抬运价，大发横财的好时机。那些外国轮船公司借口中立，“只运商品，不运一切有关抗战的东西”，而且哄抬运费。卢作

▲ 20世纪20年代，上海大达码头

▲“民主”轮原名“福顺”，属于重庆蜀平公司，川江大型客货轮。1932 年 4 月 22 日，民生轮船公司将蜀平公司并入，“福顺”更名为“民主”轮

孚的民生航运公司则坚持运费不变，对于身无分文的难民、难童，甚至学校的师生，民生航运公司决定不收一分钱，免费运送。如复旦大学、金陵大学1 000多名师生及大量图书设备和实验仪器都是免费从宜昌运往大后方的。在中华民族危难之际，卢作孚和他的民生航运公司留下了可歌可泣的壮举。

帆樯分别号旗悬

——上海港兴

上海地区河网纵横，水运便捷，西晋以前，吴淞江入海口已有渔业生产和水上军事活动，北宋朝廷设立“上海务”榷酒税的机构，上海浦边逐渐趋向兴旺，港口位置也逐渐向海口迁移，间有船舶停泊于上海浦，越百年，遂成人烟密集、海舶辐辏的港口市镇。宋代上海建镇并设置市舶提举分司，港与城同步形成，并名列全国7个水口岸之一。“港市”的雏形尽显。

明代弘治《上海志》记载，宋代青龙镇“据沪渎之口，岛夷、闽粤、交广之途所自出……海舶辐辏，风樯浪楫，朝夕上下，富商巨

▲ 清末的上海港

贾、豪宗右姓之所会也，人号‘小杭州’”，发展之快，达于极盛。然而，极盛不过是走向衰落的前奏。太湖流域整个地区是一个碟形洼地，其中心部位自地质时期以来不断下沉，遂形成了吴淞江下游河道的两大特点：一是河道多迂回曲折，水流不畅，夏秋季节经常发生水灾；二是海潮倒灌，水流入江海后，来时汹涌，去时势缓，海沙沉积于江口段，航道日趋淤浅。宋元祐年间，水利专家单锷实地考察，发现长桥东侧的水面比西侧水面低1尺至2尺，长桥以下水流缓慢，无力将潮沙冲出江口，致使江口一带茭芦丛生，泥沙淤塞。吴淞江及其支流青龙江的日趋淤浅已势所难免。此外，海岸线逐渐东移，青龙镇距离出海口日远，也失去了作为港口优越地理位置的条件。

当然，青龙镇衰落的原因，也不能完全归于“江水淤塞”的地理自然原因一端，也有社会经济发展的原因，诸如物流运输不畅，对青龙镇商品集散功能和地位的影响是很大的，加上南宋海上军事防守和官府的税收政策，对海商收税的前移，对青龙镇贸易港口地位的打击也是致命的。在这种层层盘扣和沉重税赋之下，来到青龙镇的商船自然日渐减少。南宋时期的税收政策、行政区划变化上的原因等，综合这些因素，只能导致青龙镇步步走向衰落。

青龙镇因吴淞江、青龙港的海外贸易变得十分萧条，而太湖流域

▲ 1900 年，繁忙的上海码头迅速成为中国贸易和商业活动的中心

需要有一个新的贸易港口取而代之。上海镇比青龙镇更接近大海，它是一个理想的港口。上海港的口岸地位在宋元明时期已现雏形。关于上海成为聚落的记载始于北宋，至迟在北宋熙宁十年（1077），上海浦西岸已设有酒务，但还未成镇。南宋景定、咸淳年间，设立了专理航海贸易的市舶司，上海镇的名称也开始见之于文献。宋后期青龙镇日渐衰落之时，现今上海地区范围内能令海船进出的港湾有黄姚镇、江湾镇和上海镇三地。其中位于吴淞江支流上海浦近旁的上海镇，由于距离吴淞江不远，所依傍的上海浦、黄浦及宋家浜等河道又皆与吴淞江相通，既方便海船进出，又利于海船停泊交易，因此逐渐得到了发展。

上海港地位的真正确立是在清代，康熙二十三年（1684），清政府开通海禁，翌年又在江南等地设立江、浙、闽、粤四海关。江海关的设立，确立了上海在江南口岸的领先地位，上海县城成为统辖长江入海口南北600余里海岸线、大小24处分海口的江海大关所在，由此促成了上海县城大小东门外，即宋元时代顺济庙、市舶司署一带的再度繁盛。明以后浏河港的阻塞，导致江南沙船、青口豆船等悉数收泊上海港；清道光年间，漕运由河运改海运，到鸦片战争前，随着南北洋沿海贸易的兴盛，上海口岸常年停泊的北洋沙船已达3 500艘，南洋海船近千艘，航运总吨位大致可达42万吨。正是这些原因，当西方人初到中国之后，立刻敏锐地发现了这个地方的独特地理优势。19世纪30年代，一位英国人就记述道：“我所熟悉的城市，没有其他城市具备上海那样的优点；上海已成为通往中华帝

▲ 20 世纪 30 年代，忙碌的虹口港码头

▲ 1934 年 1 月落成的吴淞码头

▲ 20 世纪 30 年代，上海十六铺码头近景

国的大门，实际上就是主要的入口港。溯（黄浦）江而上，驶向上海县城时，但见帆樯林立，即刻就显示出它是一个巨大的国内贸易中心。”恰如时人竹枝词赞曰：“番舶云屯黄浦前，帆樯分别号旗悬。望台忽报轮船到，遥见青天十里烟。”上海开埠以后，借助天时地利，抓紧开放对外贸易，迅速成为全国最大的对外开放通商口岸。

客货纷纷路万千

——漕运海运

中国历史上的漕运源远流长，前后存在了两千余年，自南宋以后，经济重心完成了南移，南方经济总量彻底超过了北方。元、明、清三代，皆定都于北京，而天下财赋却必须依仗于东南半壁江山。元

▲ 清末船队行驶在运河的河道上

代蒙古族入主中原，长期战乱，大运河淤塞，一时不能修复，而大量的粮饷却需要源源不断地运往大都。元至元十九年（1282），丞相伯颜起用两个曾做过海盗的江南人。他们接受招安，大胆地提出了漕粮海运的方案，遂请命朝廷，试行海运。于是，上海总管罗壁督造平底海船60艘，首次运粮45 000石，开创上海漕运粮船不走河运走海运的先例，并形成了中国漕运史上海运的新航线。

大运河向来是中国南北经济交流的大动脉，河运辅之以陆路运输是漕粮运输的主要方式。元代虽兴海运，但自1415年起，明王朝又规定漕运全部经由内河，停止海运。清道光年间，运河受到黄河泛滥的影响，导致漕船通行受阻，一度又改为海运，但在河道情况好转之后又恢复了以往的运输方式，直至太平天国运动后，逐渐放弃了河运改为海运。到了1872年，洋务派在上海成立了轮船招商局，逐渐将剩余漕运的业务揽走，漕运只能走向末路。1901年，由于财政状况日益恶化，清政府无力承担漕运费用，下令停止运河漕运，将漕粮改为现钱征收。1904年，撤废漕运总督，至此，漕运就慢慢趋于边缘化。

漕运与海运，其实也不是泾渭分明、非此即彼的两种对立状态。两者的交互缠斗，相互补充，其实一刻没有停止，一会儿漕运，一会儿海运，其反反复复的走向与晚清政局相一致。有人说漕粮改折诏是清代漕运制度终结的标志，但清末江浙漕粮仍然在河运，漕粮海运依然不绝如缕，并一直延续到清王朝的结束。

清同治十年（1871）和十一年（1872），江浙两省的漕粮海运总体上保持平稳。由于轮船招商局的创办，漕粮海运进入到一个崭新的阶段，轮船参与下的漕运事业开始焕发新的生机。自此，轮船招商局开创了“浮江涉海之轮，半皆招商局旗帜”的盛景，10年间即收回中国江海利权的3/5。

▲ 1870 年浙江宁波跑运输的轮船

▲ 晚清活跃在轮船码头上的运输船只

受西方文明影响，洋务派引进先进技术，大胆实行股份制管理，放开商人资金注入限制，民用企业发展迅速；同时，清政府寄希望于利用洋务解决统治困境，予以大力的政策支持，也是此时民营企业迅速发展的原因。19世纪八九十年代，西方文明逐渐进入第二次工业革命时代，西方列强侵华加剧，商品输出让位于资本输出，中华民族危机加深；具有竞争优势的外来企业挤压洋务企业，造成此时期民营企业发展阻力大增；同时，清政府落后的政治体制阻碍了近代企业的发展，加之民营企业管理体制落后，资金被征用、挪用和强占，致使企业难以壮大。

回望历史，无论海运还是河

▲ 1949 年上海运木材的平板车，在马路上气势非同寻常

▲ 1911 年长江上的漕帮货船

运，如果从元朝算起，历史走过500多年，即使如上海轮船招商局的设立，开辟海外航线，然海运对内河运输压倒性的经济优势并未在当时的社会经济条件下实现。由于运输关乎大清命脉所系，既要保证运输量，还需要运输的稳定性。虽然漕粮海运本来具有不可比拟的经济性，但其缺陷也一直存在，因而在短期内并未实现对运河漕运的替代，而是彼此争斗了几百年，也彼此协调了几百年。

在中国轮船航运业的发展过程中，无论是远洋、近海还是沿海，无论其总公司设在何处，上海都是一个不容忽视的枢纽。尽管海运在清末大放异彩，但受制于列强的封锁和侵略，我国的海运事业也未能实现真正的繁荣。各轮船公司经过激烈的争斗，逐渐形成了招商局、怡和、太古“三公司”三足鼎立的局面，正如有首竹枝词谓“三家各备大轮船，客货纷纷路万千”。中日甲午战争后，日本在中国的航运势力日益膨胀，成为“三公司”的强大对手，在内忧外患的夹击下，中国海运又面临着新的挑战。

▲ 晚清上海外滩沿堤码头。1864年由法国邮船公司建造，故又名“法兰西公司码头”

桑田沧海几经年

——黄浦码头

1842年之前，广州是中国唯一的对外开放的港口。11年后，也就是1853年，上海的外贸总量一举超过广州，跃居全国第一。个中也许有多种复杂的原因等待经济史家去分析，但上海港口码头的地理位置优势无疑是一个重要的因素。

说到码头，人们大抵会想起十六铺，“先有十六铺，后有上海滩”，这句话令老上海人耳熟能详。清代上海城厢内外以保、图、铺作为行政区划，城厢共分九个图、二十四个铺，城东一带为第十六铺。民国初期“铺”一级行政区划尽废，改称坊、间，但“十六铺”的名称，习以成俗，被一直沿用下来。十六铺包括上海县城大东门外，西至城濠，东至黄浦江，北至小东门大街与法租界接壤，位于上海的中心地带，与外滩源南北呼应。十六铺的历史可以追溯至北宋年间，它是各个历史时期这个区域内很多码头的总称。这里是老上海的人流、物流、信息流、资金流交换的重要节点，久而久之，慢慢被看作老上海的一个象征，人们口口相传的“十六铺”，作为地名沿用至今。

开埠前，老城厢大小东门、大小南门外沿黄浦江一带的弧形圈内，北起新开河，南至江边码头，码头和义渡众多，可以说是各式码头林立，据《同治上海县志》记载，当时城外新增道路大都集中在东门外黄浦江边，其中就有人们耳熟能详的太平弄、洋行街、外咸瓜街、油车街、花衣街、竹行街、施家弄、南仓街、财神弄等。

晚近开埠以来，进入黄浦江的轮船，吃水渐深，原有泊位不能停靠，十六铺需重修码头。1846年建驳船码头；1860年出现浮码头和木质固定码头；19世纪末至20世纪20年代，建造钢筋水泥浮码头和木质固定码头。至1937年沿江码头达40余座。其中设在十六铺至南码头的有金利源码头、大达码头、关桥码头、民生码头、王家码头、会馆码头、三泰码头、开泰码头、丰记码头、新昌码头等10多座。官督商办的轮船招商局就设立在十六铺，以后又收购美资旗昌码头和金利源、金房东、金永盛、金益盛四个码头，统一命名为金利源码头，又名南栈码头，这是“十六铺码头”的前身。全民族抗日战争期间，金利源码头改成罗斯福码头，太平洋战争爆发，日军将此码头改

▲ 清末上海外滩金利源码头（十六铺码头前身）及黄浦江上轮船等繁忙景象

▲ 1900 年，浙江宁波沿海码头，忙乱的人群，远处有几艘蒸汽船靠在岸边

为江西码头，抗日战争胜利后，由招商局收回，改名招商局第三码头。直到新中国成立后的1951年金利源码头归属上海港务局，这才定名“十六铺码头”。十六铺因码头而兴盛，最大的码头则以“十六铺”而得名，这就是“十六铺”和“十六铺码头”的关系。

▲ 1947 年的上海港码头工人

▲ 1949 年 5 月，解放军攻占南京后，在上海的许多外国人纷纷登上轮船回国

正因为“十六铺”名气太大了，人们口口相传，它最终成为上海最具代表性的地标码头。其实，外滩向北溯源的虹口、杨浦一带东大名路南侧至黄浦江沿岸，码头林立，在上海滩名声卓著的还有招商局中栈码头、顺泰码头、公祥码头和扬子江码头等，20世纪初，这些位于沪北的码头成为中国航运的枢纽，连接起国内航运和远洋航运。如扬子江码头，最早是1862年英国汇源洋行建造的汇源码头，其东侧也是英商怡和洋行在1864年建造的怡和码头。不久，美国太平洋轮船公司合并了上述两家洋行码头，改名为扬子江码头。位于苏州河与黄浦江合流之处，黄浦路与武昌路口的三菱码头，又名日邮中央码头或东洋码头，是日商在上海的第一座码头。日本驻沪领事馆建在该码头边上，大多来华日本侨民就是从该码头登陆虹口，聚集在码头附近，然后逐步向虹口纵深地带发展。

1845年，英商东印度公司在徐家滩（今东大名路、高阳路）一带建造简陋的驳船码头。1860年，英商宝顺洋行建造了宝顺码头，这是上海第一个轮船码头。1861年，美商旗昌洋行建造旗昌码头。1864年，英商蓝烟囱轮船公司重建虹口码头，由驳船码头改为轮船码头。1949年前，虹口地区黄浦江沿岸主要有8个码头，分别是黄浦码头、杨树浦码头、汇山码头、华顺码头、公平路码头、高阳路码头、外虹桥码头和扬子江码头。

整条黄浦江聚集了太多的码头，正是这些众多的江海码头，才成就了上海港的盛名与威望，无论是十六铺、南码头，还是虹口地区的沿江码头，都积淀了厚重的历史，民国蒲郎的《上海竹枝词》赞之曰：“桑田沧海几经年，世界繁华别有天。”这些码头刻录着一代代中国人的强国梦想，也见证了上海敢为人先的前进步伐。

第四章

铁路初创的艰难历程

中国的近代化，在一定程度上是被轮船、火车等新式交通工具“运”来的。越来越快的速度提升了古老中国的社会生活节奏，将中国社会一步步纳入现代化的文明体系。

中国首条铁路是英商1876年在上海至吴淞间修建的，这是19世纪继日本及印度之后，中国成为第三个修建铁路的亚洲国家。但是这条铁路还是比世界上第一条正式营业的铁路（诞生于1825年9月27日的英国斯托克顿—达林顿铁路）落后了51年。第一次见到火车的中国人，对这一新生事物充满了恐惧感，自然也生发出许多怪异的事情。然而，清政府于1881年兴建了第一条官办铁路——唐胥铁路。1900年八国联军入侵之后，国内要求保卫路权、自修铁路的呼声越来越高，清政府终于决定兴建第一条完全由中国人自行设计施工的铁路——京张铁路，该铁路由铁路工程专家詹天佑主持设计建造。

1912年，中华民国建立后，临时大总统孙中山提出了宏伟全面的铁路建设计划，细分为中央铁路系统、东南铁路系统、扩张西北铁路系统等。

1928年，南京国民政府主政后，主要采取以官僚买办资本与帝国主义垄断资本“合资”方式修建铁路，从而出现了帝国主义掠夺中国路权的第三次高潮。从1927年到1945年抗日战争结束，在这期间，日本帝国主义妄想吞并中国，掀起了全面的侵华战争，中国铁路大部沦于敌手。

1905年7月，浙江乡绅筹集资金，在上海成立商办浙江铁路有限公司，推举汤寿潜担任总经理，从此拉开了沪杭线百年历史的帷幕。另一条沪宁铁路则东起上海（北）站，西至南京（下关）站，全长311.4千米。该路于1905年开工，1908年4月建成通车，共设37个车站，较大的车站有苏州、无锡、常州、镇江等。沿途经济文化发达、人口稠密，客货运输十分繁忙，是中国最富庶地区的交通命脉。由于国内工业水平落后，铁路设施和装备都是“舶来品”，江浙地区早期使用的蒸汽机车为英美产品，以后使用的机车来自日本、美国、德国等国家。客货车辆也大多从各国进口，车型陈旧、杂乱，材料不一，配件繁多。此外，线路设施、信号设备也来自不同国家。大江南地区的铁路系统，同时使用各国不同规格的铁路装备，堪称“万国机车博览馆”。

▲ 1876 年，这里修筑了中国第一条营业性铁路（老闸北——吴淞口）

来往吴淞有火车

——吴淞铁路

以蒸汽机的发明和运用为主要标志的第一次工业革命，率先从英国发起，它推动了铁路的诞生。1825年9月27日，世界上首条使用蒸汽机车的永久性公用运输线，英国斯托克顿—达灵顿铁路正式通车并开业运营，标志了近代铁路运输业的开端。在那以后直至1845年，欧洲主要资本主义国家均已铺设铁路。

1843年上海开埠，为了从中国攫取更多利益，英租界当局经过多次请求不果之后，英美商人决定“先斩后奏”，建造一条铁路。西方人所采用的手段还是很拙劣的，现在回望这个过程，甚至显得有点诡异。

清同治十一年（1872），美国驻上海副领事奥立维·布拉特福发起修建一条从吴淞码头到上海的窄轨铁路的动议。他在与上海道台沈秉成接洽时，不说“修铁路”，只说是要建筑一条“寻常马路”。沈也就稀里糊涂地照准了，宣布“吴淞道路公司”有权建造适用于车辆通行的道路。开工以后，由于资金短缺，由英商怡和洋行接手，改组成立吴淞铁路公司，聘请了一个叫玛礼逊的英国人为总工程师。这个铁路公司用8个月的时间就完成了路基工程的铺设。

▲ 1876 年外国人拍摄中国第一条铁路的火车头和车厢工棚

▲ 1876 年吴淞铁路开通时，英国记者拍摄开通日的情景

▲ 1876 年由英商怡和洋行兴建的吴淞铁路，1877 年由清政府收回后拆毁，路轨被运往台湾

1876年1月20日，上海至江湾区段开始铺轨。冯焌光接任上海道台，他查阅了这家吴淞铁路公司的所有文件后，完全明白了西方人的企图，并非一般的筑路，而是建铁路。兹事体大，冯焌光立即会见英领事麦华陀，对英国商人擅自建造铁路提出责问，并要求工程暂停，待商周妥后再行兴筑。怡和洋行表面上遵守停工1个月，实际铺轨工程照常进行，不到1个月又恢复了行驶，把生米做成了熟饭。1876年6月30日，上海至江湾段竣工通车；7月1日，吴淞铁路正式通车，并举行了庆祝酒会；7月3日，吴淞铁路上海江湾段正式投入营运。

上海道台冯焌光将情况详报两江总督沈葆桢，咨请朝廷总理衙门向英国公使威妥玛交涉。1876年4月7日，清政府总理衙门就吴淞铁路事再次照会威妥玛，请饬令英商停办。威妥玛遣派英国驻华汉文正使梅辉立即赴沪调停吴淞铁路事宜。事情闹大了，还是北洋大臣、直隶总督李鸿章拍板：“何不由中国照原值买回，另招华商股份承办……如此则洋商资本不致无着，而中国主权亦无所损，似是两全之法。”

1876年7月18日，西人在江湾督率工人用篱笆圈占乡民之地，引起斗殴。其时正好电业公司西人博儿骑马过此，用手枪击伤一名华人。8月3日，火车在江湾镇北面试车时轧死了一名行人，乡民大愤，抗议声浪迭起。上海道台冯焌光再次照会英领事麦华陀，请其停驶火车。在连续发生“事件”“事故”的情势下，经过地方官吏据理交涉， 8月20日，威妥玛令上海英领事转饬英商停驶吴淞铁路火车，同时停止铁路续建工程。最后，英国商人和清政府官员达成协议，铁路由清政府以28.5万两白银购回；1877年10月20日，清政府付清所有款项，最后一班火车亦于当日下午开出。铁路移交给清政府后，路轨即被拆除，至12月18日，铁路路轨全部拆除，据说这些路轨被运送到了台湾。

到1895年，清廷甲午战争中败于日本，迫于全国舆论，宣布施行“力行实政”政策，也检讨了过去在建设铁路问题上的拖延态度。清廷下令给两江总督刘坤一，对张之洞建议修筑吴淞至江宁铁路一事“实力筹办”，将吴淞至江宁铁路划归盛宣怀主持的铁路总公司办理。经清政府允准并批示以官款“先修淞沪，后筑沪宁”。据此，吴淞上海间的淞沪铁路得以再建。1897年1月3日，盛宣怀担任督办的

▲ 1876 年上海吴淞铁路建成典礼时的场景

铁路总公司成立，并聘德国建筑师锡乐巴主持工程。翌年8月5日全线竣工。9月1日正式通车，线路大体循原吴淞铁路走向，利用吴淞铁路旧路基约3/10。1898年8月5日全线竣工，通车后的铁路已经有了新的名字——淞沪铁路。

吴淞铁路一波三折的旧事，让人们看到了清王朝的腐朽无能和王朝末路，不过最终建成的淞沪铁路，总是向现代化迈进了一步。当时沪人有竹枝词云："来往吴淞有火车，客多争坐语声哗。浓烟一路冲天起，汽笛频鸣在转叉。"随着铁路的建设，火车成为了一种新的交通工具，在中国大江南北广袤大地上行驶。

轮随铁路与周旋

——商办铁路

1874年，日本侵略中国台湾。当年12月10日，李鸿章在《筹议海防折》中，提出兴筑铁路加强海防建设。建设铁路的新政，遭到朝中守旧势力的强烈反对。几经周折，年轻的光绪皇帝施行新政，力挺李鸿章，中国铁路于是开篇。1881年，在铁路诞生半个世纪后，中国第一条真正意义上的铁路——唐胥铁路开始运行。

1876年，英国人在上海私自修筑的吴淞铁路，虽然最终被清廷赎回拆除，但它一石激起千层浪。此前中国从来没有过铁路，老百姓也不知火车为何物，所以，吴淞铁路试车时，铁轨两旁观众"立如堵墙"。当时沪上有竹枝词《咏火轮车》云："轮随铁路与周旋，飞往吴淞客亦

▲ 清末洋务派官员与外商在沪宁铁路一个站点的合影

▲ 1909 年苏路（沪嘉铁路）的公务车，车身长 37 英尺，宽 10 英尺，车厢高 10 英尺

▲ 1911 年浙路（杭嘉铁路）的头等客车

仙。他省不知机器巧，艳传陆地可行船。”吴淞铁路是一种尝试，也是一种示范，刺激了清代末年铁路建设的加速。

1885年5月，清廷设立总理海军事务衙门，总管铁路建设与管理。屡次受到西方列强欺侮，国库空虚，光绪帝把强国的希望寄托在民间资本上。清政府为了“振兴商务，保惠商人”，于1903年9月设立商部，以载振为尚书，同时撤销矿务铁路总局，将铁路事宜归并管理。商部继续推行商办铁路政策，在成立之初就宣布，对商办铁路公司如同其他商办公司一样，随时维持保护，表示不用官督商办名目，亦不另派监督、总办等员，以防弊窦。1903年冬，由商部拟定，清政府颁布《铁路简明章程》24条，将鼓励商办政策进一步明确化。从此，中国铁路开启了大借外债、突击修路的时代。盛宣怀主导的铁路总公司共投资970余万两白银，除由国库拨付外，又先后向比利时、美国、俄国和英国举债。外国人的钱也不是好用的，晚清政府为此丧失了许多权益，付出了昂贵的代价，引发了多省民众的强烈抗议。

举外债，修铁路，虽然解决了中国急需的铁路建设资金问题，但是因为铁路主权的丧失，国内朝野不断掀起废约赎路的热潮。各地富商以倡办本省铁路为己任，地方铁路建设迅速兴起。江南苏浙官绅请废沪宁、苏杭甬合同，拒款大会上群情激奋，连乞丐、娼妓都踊跃入股认购。1898年11月，清廷矿务铁路总局便颁布了《矿务铁路章程》，指出：“矿路分三种办法，官办、商办、官商合办，而总不如商办。除未设局以前，业经开办者不计外，此后多得商办为主，官为

▲ 1932 年，一个男子在铁路道口观看铁路发展宣传画

▲ 民国时期的上南铁路车站

设法招徕，尽力保护，仍不准干预该公司事权。”表明朝廷对于商办铁路的态度。而1903年9月以后，清廷为了顺利实行“新政”，开始放松对整个社会范围内商业发展的限制，允许民间资本自行发展或进行一系列工业建设。1903年，商部又奏定《铁路简明章程》24条，规定“民间集股修筑铁路；集股总以华股获占多数为主；不得已而附搭洋股；则以不逾华股之数为限”，以立法的形式来确保商办铁路的华人主体性，又在一定程度上体现了对经济主权的维护。清廷新政的政策支持，促进了中国自办铁路运动高潮的兴起。

在皇权制度下，“民”始终处于被统治地位；“商”也历来属于被歧视阶层。当以前的“夷”变为强势的“洋”之后，“民”和“商”的地位就进一步沦落了。晚清铁路的各个投资主体，其地位从来都不平等。当天平滑向商办铁路一侧时，清廷对民间资本的歧视仍然存在，民间资本进入铁路受到多种掣肘。鼓励商办，商人与商人集团就好对付吗？也不！中国社会传统政治架构，历来是“皇权不下县”，官方权力往往只触及县级政府，而县以下的势力则为地方士绅和商团所把控。这样一来，地方士绅的角色本身便具有了双重性，相当一部分土豪劣绅早已形成了一个规模巨大的既得利益集团，寄生在商办铁路建设的各个环节之中，名为建设，实为吸血。完全官办铁路会滋生腐败，寄希望于商办铁路，依旧让人大失所望。光绪帝曾发布上谕，对于商办铁路筹款困难、用人不力、各路段连接困难等状况，作出这样的评价："奏办有年，多无起色，坐失大利，尤碍交通。"

清末本就有限的社会资源一耗再耗，铁路建设却仍然不见起色，无奈之下朝廷只好再度将未能如期完成的商办铁路收归国有，铁路国有化再次成为主流，举借外债亦再次成为中国修筑铁路的选择。商办铁路没能为中国带来新的转机，反而将中国推入了新的深渊。晚清中国的铁路建设，就处于这种恶性循环之中，直至清廷退出历史舞台。

乘车直入华灯市
——沪宁沪杭

中日甲午之战后，面对日趋严重的民族危机，收回路权成为中国人民反帝斗争和爱国运动的正义之举。从粤汉路权的收回到沪杭甬铁路的"废约""拒款"，都充分显示了广大民众和铁路职工的反帝爱国热情。1903年至1907年的4年间，就有15个省先后创设了省铁路公司，共筹集资金达9 000余万元。按当时每千米所需造价计算，可筑成2 000至3 000千米铁路。不仅如此，各省铁路公司在章程中，都以"保中国自主之权利""不招外股""不借外债""不准将股份售与非中国人"等为宗旨。但在当时的形势下，新兴民族资产阶级本身的力量又很薄弱，实际建成的铁路，仅有900多千米。尽管后来这些商办铁路被帝国主义资本侵入或兼并，但它在中国铁路史上，还是占有重要的地位。

清光绪二十三年（1897），两江总督张之洞奏请朝廷修建沪宁铁路。1898年，铁路总公司督办盛宣怀与英商怡和洋行签订《沪宁铁路借款草合同》。1903年7月正式签订借款合同，先后共借款290万英镑。沪宁线起自上海站（后称上海北站），经昆山、苏州、无锡、常州、丹阳、镇江等市，终止于南京下关，全长311.4千米。1905年

▲ 沪杭铁路全线贯通，全线长约 189 千米

▲ 清末沪宁线上的标准火车站站房

4月开工，1908年4月1日通车，刚开通时，列车时速仅30千米左右，上海至南京需行驶10余小时。到20世纪30年代，每天在沪宁间开行的客车仅5对。此外，沪锡、沪常、沪镇间各有1对区间车。1908年4月3日的《申报》报道了沪宁铁路开车典礼。通车时名义上派有华人主持事务，但管理实权在英国人手中，直到1929年后才由国民政府铁道部逐步收回主权。

受沪宁铁路借款权被英商攫取的刺激，江浙地区一些士绅和实业界人士等决意筹集资本，自主修筑铁路。1905年，浙江铁路公司成立，汤寿潜任总理，刘锦藻任副总理，四方游说募集资金，其中上海的投资起了至关重要的作用。江浙两省的铁路公司都将总公司或分公司专设在上海，投资沪宁、沪杭铁路的商人，所从事的买卖与民生接触较多，且大都来自江浙两省的商帮。按照当时的预估，修筑1千米铁路，至少需要投资4万元，相当于一家中小型企业的投资，沪杭铁路全长约189千米，包括站线在内，需要1 000万元以上的投资。因此江浙两省铁路公司都把争取上海实业家的投资，视为公司资本的重要来源，确定了“筹集股款自以沪上巨商为大宗”的筹款方针。

沪杭铁路的修筑，对沿线城镇民智的启迪影响颇大。1909年8月，沪杭铁路全线通车，沿途观者如堵。文学家夏衍晚年曾回忆道：当时他跟着母亲和几个姐姐到“艮山门”站看热闹，“排着队去看火车这个从来没有见过的‘怪物’，沿线挤满了人，连快要收割的络麻地也踏平了。在盛夏的烈日下晒了两个多钟头，好容易看到一列火车从北面开来。隆隆的车轮声和人们的呼喊声融成一片，这个大场面，尽管

▲ 1909 年停靠沪宁铁路车站（北站）的火车

▲ 1911 年运送客人到沪宁车站的出租汽车

时隔七十多年，到现在依旧是记忆犹新”。沪杭铁路的开通，便捷了上海与杭州沿线的交往，“原来从上海到杭州之间小轮船需要20多小时，而现在铁路只需要6小时就可到达”。

以上海为起点到宁波的路段，称为沪杭甬铁路，其中沪杭铁路浙段自闸口至枫泾，长125千米，1906年10月开工，1909年5月竣工；苏段自枫泾至上海南站，长61千米，1907年3月开工，1908年11月竣工。1909年9月上海至闸口全线通车。杭甬段因有钱塘、曹娥两大江隔开，先修宁波至曹娥江段，长78千米，1910年6月开工，1914年竣工通车。1908年沪宁线通车，翌年沪杭铁路全线竣工通车，便捷了江浙沪地区的交通及经济、人文和社会生活等各方面的交往互动，助推了沿线及相关客货运输及城乡经济社会的近代化进程。北洋时期，由于政局动荡和战争的破坏，除东北各省外，筑路成绩不大。南京国民政府在基本结束军阀内乱后，大力发展铁路事业，铁路建设进入黄金时期。

民国初年，在南京流传一首金陵竹枝词："扬子江头看落霞，秦淮河上响鸣蛙。乘车直入华灯市，风鼓铁轮送到家。"道出了彼时民众对于沪宁铁路开通的欢欣。对于古都南京来说，不仅改善了南京城内南北交通状况，更大大促进了下关商埠的繁华与发展。

▲ 1937 年 9 月 26 日，第一列沪杭甬线火车通过钱塘江大桥

▲ 20 世纪 30 年代，苏嘉铁路的乘客在吴江车站留影

挥戈保路换中华

——路权争夺

中日甲午战争，清政府惨败于日本，不得不签订丧权辱国的《马关条约》。当李鸿章签订《马关条约》后回国，将那件染满鲜血的黄马褂面呈给慈禧太后时，面对此奇耻大辱，慈禧太后竟然只是麻木一笑："难为你了，还留着。"李鸿章听后虽表面波澜不惊，但内心却十分沉痛。这场战争的失败不仅让国家的经济与军事遭受沉重打击，更让风雨飘摇的清王朝更加虚弱。

甲午战争后，西方列强加快侵夺中国步伐，竞相瓜分在华利益和势力范围。在列强各国攫取利益的手段方式中，有一个现象很值得深思，那就是他们都争先恐后地抢着要在中国修建铁路，难道是强盗发善心，要帮助清政府搞基建吗？非也！修建铁路，可以刺激他们更恶毒、更贪婪的欲望，可以更多地掠夺中国的资源和宝藏。

1905年清廷商部批准成立浙路公司之前，中国铁路总公司盛宣怀督办就与英商怡和洋行于1898年10月15日签订了《苏杭甬铁路草合约》，将铁路的修建权首先授予了英方。与此同时，清政府又批准成立浙路公司，即准许江浙人民自建铁路，声称借款与筑路“分为两事”。即由清政府向英方借款，再转借给江浙二省铁路公司，铁路仍归二省自造，以路成后的收入及关内外铁路余利作为对英借款的抵押。这样就等于中英之间签订的《苏杭甬铁路草合约》带有“准条约”性质的合同，在英国的强力施压下演变为《沪杭甬铁路借款合同》，大大损害了浙江地方民众的利益，不能不引发普遍的社会风潮，引发巨大社会危机。1907年终于爆发了浙江绅民声势浩大的拒款保路运动。

先是传出浙路业务学校学生邬纲因愤于清廷借款卖路而绝食抗议呕血而死，继而发生浙路副总工程师汤绪为抗议英国勒逼借款绝食而死，这些消息像烈火一样，将拒款风潮推向了一个高峰。1907年9月至11月，绍兴、宁波、定海、处州、嘉兴、湖州等地先后召开国民拒款会或“特别大会”，反对借款卖路，并动员各界速集路股，以救危亡。全省各地、各阶层人民不仅“奔走呼号，暂不承认借款”，

▲ 1936 年 7 月 15 日，苏嘉铁路建成通车，相关人员在苏州火车站举行通车典礼

而且浙路集股也因此出现了一呼百应的局面，浙江各界人士纷纷站出来，举办集会，从富有的商人、官员、士绅，到穷苦的劳工阶层，无不“争先恐后，踊跃输将”，认购路股。对于大多数中小股东而言，浙路的前途不仅关系着路权和国权，更重要的是关系到他们的财产权和生存权，因此又是国民的生死存亡问题。数万名收入微薄、衣食艰难的工人、市民、小贩、店员，甚至妓女、乞丐，也激起了爱国热情，纷纷认购浙路股票。

与浙江保路风潮同样的事件，还发生在四川、湖南、湖北等地。清宣统三年（1911）6月16日，成都岳府街上水泄不通，聚集于此的4 000多名民众群情激奋。四川咨议局副议长罗纶登台演讲，开口就说：“川汉铁路完了！四川也完了！中国也完了！”言罢大哭，顿时全场人也号啕大哭，长达二三十分钟。随后他吼道：“我们要誓死反对！我们要组织一个临时的机关，一致反抗，反抗到底！”台下一同高呼：“赞成！”翌日，以四川咨议局议长蒲殿俊为会长、罗纶为副会长的“四川保路同志会”宣布成立。因为有广泛的群众基础，保路同志会不到

▲ 1939 年上海铁路栅栏外的人群

▲ 民国时期行驶于上川铁路的油电车

▲ 1949 年 4 月 25 日，南京浦口解放时，涌向浦口的难民

10天就发展到10万人，开始提出的口号是“文明保路”，广大群众开展了罢市罢课、抗粮抗捐活动，川督赵尔丰诱捕了蒲殿俊、罗纶以及保路同志会和川汉铁路股东会的负责人。消息传开，数万群众前来请愿，要求放人。赵尔丰竟下令军警向手无寸铁的群众开枪，当场打死30多人，造成骇人听闻的“成都血案”。消息传到川南、川东各地，引起群情激奋，使这场保路运动转向了反清的武装斗争。所以有人说，这场轰轰烈烈的“保路运动”，是压垮清王朝的最后一根稻草。

时人竹枝词曰：“挥戈保路换中华，兆部宁当螳臂车？谁信一条成灌路，兴亡两战起人嗟。”腐朽的封建制度，已不能适应以蒸汽机、铁路等工业革命为代表的先进生产力的发展。改良已解决不了社会问题，革命就成了必然的选择。

铁线纵横铁轨铺
——铁路轮渡

自古以来，义渡，指民间或官方捐资兴建，以便民为目的，供行人免费或低价渡江过河的渡口。那么，火车要通过浩瀚的长江天堑，怎么办？清末官府与民初的北洋政府都曾考虑过建桥，终因长江江宽水深，工程困难，加上费用巨大，一纸设想与规划都终成泡影。火车运输的业务大都是货运，下关、浦口间不能接轨贯通，单靠船舶驳转，费力费时，极不经济，在一定程度上限制了社会的发展。据说，1918年，一位叫伟纳的英籍工程师曾经提出让火车轮渡的设想，亦因经费困难而作罢。直到1927年国民政府定都南京，因南京所处位置攸关江南诸发达城市的连接与沟通，沪宁、津浦两路过江问题就被提上了议事日程。

1930年10月，国民政府铁道部成立了首都铁路轮渡设计委员会，设计委员会举行专家论证与研讨，当时提出了4种过江方案：江

▲ 1933 年 9 月，南京浦口轮渡桥处建起一座全长 187.13 米的 4 孔铁路引桥，在引桥墩上装置电动升降机，升降幅度可达 8 米，以适应江水涨落；同期建造的 1 艘长 113.3 米、宽 17.86 米的“长江号”火车渡轮

底隧道、固定桥梁、浮桥和轮渡。考虑到经济造价、技术便利、航行便利等多重因素，最终还是选择了最经济、技术难度不太大的下关、浦口间修建火车轮渡的方案。

火车轮渡，牵动面较小，既不影响长江的正常航运，也不受江潮起落的限制，在经济拮据的年代，也不失为经济安全之策。1930年11月，首都铁路轮渡工程处成立。其经费除由英国庚子赔款董事会借给21.6万英镑外，国府铁道部拨借25万元，津浦路拨借6万元。所借之款用于建两岸引桥及向英国购买火车渡轮一艘、机车一台和挖泥船一艘。工程采用招标方法，开标结果，引桥和轮渡分别由英国多门浪公司和马尔康洋行承建。活动引桥系两岸引桥用活动式，随水位高低升降调节，南岸位于下关煤炭港，北岸位于浦口津浦10号码头下游300米处。桥身高7.75米、宽6.2米，临江桥端宽为14.44米，可与船上轨道相接。全船可载40吨货车21节车厢或客车12节车厢。1933年9月完工，这是我国最早的火车轮渡。它的通航，连接了沪宁、津浦两条铁路干线，意义重大。

1933年10月22日，南京国民政府为铁路轮渡的通航，在下关举行了隆重的通航典礼。“长江号”火车轮渡宣告通航横越长江，直驶而上至浦口，行动非常灵便，时间也不长。两岸人群一片欢呼。至此，南京下关与浦口间铁路被长江阻隔的局面宣告结束。

南京铁路轮渡的场线、栈桥、渡船等设施位于下关老江口与浦口的滨江路口，是中国第一条铁路火车轮渡线。渡轮上铺了铁轨，通过“升降引桥”栈桥和岸上的铁路线连接。“活动引桥”一端如同铰链般与栈桥上的轨道连接，另一端随着水位高低升降与渡轮上的轨道相接，机车再顶着列车直接驶上渡轮。渡轮上并排有3股道，可以容纳货车21节车厢，或客车12节车厢。操作过程当然也是很麻烦的，为保障安全，还要求“夜间不渡，大雾不渡，涨潮不渡，台风不渡”。

▲ 1933 年 9 月，江苏南京建成的“长江号”火车渡轮

▲ 1933 年 10 月，“长江”号在航行中

▲“长江”号火车轮渡通车典礼上请来游泳冠军杨秀琼剪彩

麻烦归麻烦，但火车轮渡把我国铁路网连成一体，多少年来，浦口火车站与下关车站隔长江相望的局面结束了。火车轮渡沟通了南北的交通大动脉——津浦铁路建成通车，其北端是天津，南端是南京浦口火车站。北方的大豆、煤炭等产品直运南方，上海的工业品也能便捷地运到广大的西北、华北地区。1934年，铁道部开通上海至北平的直通车，全程34小时，旅客乘火车由上海到北平，经过南京的铁路轮渡，中途无须上下车了。据统计，1935年平沪路段的货运量由此前的120多万吨上升到815万

▲ 1949 年前南京铁路轮渡上的小汽车

吨，1936年达到1 015万吨。它的开通首次使中国南北的铁路网连成一体，同时极大便利了长江南北两岸的运输。

1937年，日寇侵华，南京城破，铁路轮渡管理所落入日军手中。“长江号”已于之前撤往长江上游，在汉水石牌附近卸下器材后沉于江底，那场景是很悲壮的。至1968年12月29日南京长江大桥建成，南京铁路轮渡正式结束35年的服役，时间虽短但意义非凡。

骤于奔电疾于风

——万国机车

“火车跑得快，全靠车头带”，铁道上的机车，就是指能产生动力，并驱动自身产生移动的机械设备，俗称“火车头”。铁路作为近代重要的交通运输工具，具有速度快、运量大、运价低、气候影响小等特点，它一出现便对人类的社会经济产生重大影响。

鸦片战争之后的中国，国运颓丧，不断遭受西方帝国主义的侵害，签订大量丧权辱国的条约，光是赔款加起来就达到13亿两白银之多，国库被挖空，晚清统治者的腐朽生活开销巨大，慈禧太后办个60大寿，竭尽奢华，甚至去世后的陪葬品价值都高达数亿两白银，

▲ 20 世纪 20 年代，运行于沪宁线上的从国外引进的火车机车头

▲ 1929 年孙中山先生的灵车，将遗体运回南京埋葬

相当于清代康雍乾盛世时期两年多的收入，还要被各层级官员中饱私囊，层层盘剥，维持国家正常运转的花销也是捉襟见肘，入不敷出。

对于火车的机车，中国自己造不出，只得花费巨额银两向国外购买，据目前可查到的资料：从英国进口的有1892年制造的比谢尔式机车，从美国进口的有1897年制造的美国型机车，从日本进口的有1936年制造的亚细亚号型机车，从比利时进口的有1901年制造的六轮式机车，从德国进口的有1910年制造的复合式机车，从法国进口的有1902年制造的机车，从俄国进口的有1909年制造的八轮式机车，从捷克进口的有1936年制造的草原式机车，从瑞士进口的有1939年制造的团结式米轨机车，等等。这些来自西方各国的机车车辆，在火车配色和高低型号上都有差异，轨距也不尽相同，都曾在中国铁路上运行。从1881年中国制造的第一台蒸汽机车开始至1949年，当时可统计的机车有4 069台，机车型号多达198种，拼凑杂牌，所以当时中国被称为“万国机车博物馆”。

▲ 20 世纪二三十年代，太平洋式机车头

▲ 20 世纪 20 年代中期，上南铁路蒸汽机火车机车头

1930年2月11日《顺天时报》第6版的一则社会新闻报道：“杭州通信：杭州城站三日有火车一列，系由城站开往拱宸横桥者，因未至开行点钟，停靠于二号月台。机车上本有司机二

▲ 20 世纪 40 年代，京沪铁路局从美国引进的机车头

人，是时有一司机，因大便离车而去，另一司机正在车下加油。忽有该车之茶房某甲，年仅十五岁，向来好弄、顽皮异常，跳上机车，随手乱弄，致将开行之机关拨动，车即蠕蠕而动，向前进行。该茶房见已肇祸，一时心慌意乱，竟无法停车。而在车下加油之司机，忽见车行动，大为诧异，险遭轧死。及至逃出轨道，车已加快，追赶不及。幸该茶房在车上乱弄一番，已将水管开放，行至良山门时，水已放尽，车亦停止，但锅炉汽管，均已毁坏，未肇大祸已算万幸，时良山车站，因点钟未至，忽见一车开来，而车上并无一客，仅机车上有一童子，正在莫名其妙，忽接杭州来电，谓拱宸车先时逃走，请设法截阻，乃由路警将该肇祸之茶房，先行拘留，一面将司机二人，立时开除，毁坏之车头，送厂修理，此亦火车从来未有之趣闻也。”

民国时期中国人几乎造不出自己的机车，火车头也几乎全靠进口，车厢则尽可能自己生产。由于工业基础薄弱，炼钢技术和铆焊技术过于落后，少慢差费，许多客运火车的三等车厢和四等车厢，厢体也主要用木料制造。各大铁路局雇上一批木匠，将榆木和槐木锯成板材，拼成车厢，挖出窗口，装上轮子，往车头后面一挂，就可以坐人了。火车头基本上全是蒸汽机车，行驶时噪声极大，震动强烈，上有灰烟火星，下有水点白汽，团团白雾和滚滚黑烟向后飘散，离车头越近的车厢越容易受到污染，所以三等车厢和四等车厢要挂在最前面，二等车厢和头等车厢依次靠后，就无可避免地发生各种事故。

晚清有人曾经以竹枝词说“机车”：“京汉迢迢鸟道通，骤于奔电疾于风。羡渠历尽山川险，都在南柯一梦中。”第二句是描绘了事实，末一句则是诗人无可奈何的哀叹。

杂货扛抬到晚休

——铁路劳工

铁路劳工是我国产业工人的重要组成部分，包括各铁路局、铁路站点、铁路工厂里的工人。中国近代铁路工人是伴随着铁路的修筑、运营产生的，从职业上而言，铁路工人除了破产农民和手工业者之外，还有来自其他行业的技术工人、没有固定职业的城市居民和学生；这支队伍中的成员，也是鱼龙混杂，很不平衡。民国初年，铁路工人就有五六万人，其中以青壮年最多，相关的管理部门根据工作岗位、技术熟练水平以及雇用性质，也可以分为不同的类别。他们的工

▲ 民国时期，铁路劳工同心协力地搬枕木、运铁轨，修建铁路

▲ 1911 年辛亥革命期间，铁路劳工为起义军士兵抬担架以支援起义军

作性质千差万别，工作时间、工作环境也有很大差异，所以分析铁路劳工的状况，对这一阶层要作出具体的分析。

1927—1937年间，南京国民政府出台了一系列铁路劳工立法，建立了包括工伤、疾病、养老等项目的铁路劳工社会保障制度，这种铁路劳工立法的“进步”表象与底层劳工的生存现实之间，存在着深刻的断裂与矛盾。这一时期虽出台《铁路员工服务条例》《铁路员工恤金条例》等法规，构建了看似完善的铁路劳工社会保障框架，却在实际执行中呈现出显著的阶层分化——制度红利高度向正式职员倾斜，铁路上的广大基层劳动者仍深陷“立法惠民”的幻影与生活困窘的深渊。在“职员”与“工人”的二元身份划分下，占铁路从业群体70%以上的底层劳动者（如养路工、装卸工、火车清洁工等）被排除在制度之外。他们既无“职员”身份加持，亦不被纳入法规保护范围，成为被制度遗忘的“铁路边缘人”。正如 1935 年《申报》揭露的那样：“洋镐铁锹为伴，霜风雪雨为衣，法规条文上的‘保障’，于他们不过是写在纸上的‘画饼’。”

南京国民政府时期的铁路劳工立法，本质上是一场 “精英主导的制度表演”——它在纸面上构建了现代劳工权益的理想国，却在现实中维护着旧有的剥削秩序。当我们重新审视这段历史，看到的不应是法规文本的进步表象，而是制度性歧视如何将“社会保障”异化为“身份红利”，最终在基层劳工的血泪中，埋下了旧中国劳工运动的火种。这种“立法惠民”与“生存维艰”的撕裂，不仅是近代中国社会矛盾的缩影，更警示着：任何脱离阶层平等的制度设计，都终将沦为空中楼阁。

在火车站的苦力与装卸人员，他们不是铁路的正式职工，属于松散的外围劳动者，俗称“脚夫”“装卸工”。这些苦力的来源大抵是失去土地的农民，或是流落至异乡客地的流民。这些人充当装卸的苦力，或者负责货物装卸作业，或者负责清扫站台，他们靠扛大包和给旅客、货主拎行李、扛货物取得收入，并且会受到工头的盘剥，经工头“抽头”后的收入就相当微薄，只能勉强糊口。可怜的苦力，日夜在车站或货栈守候，有活就干，疲于维持生活，因为装卸货物均为人力作业，即用锨扔、肩扛、手抱、杠子抬或用滚杠支底，人力搬移，都是重体力劳动，故在铁路管理部门用工和招工时，都有严格的挑选，须经过考核合格后方可录用。时人用竹枝词形容这些靠体力谋生的人：“杂货扛抬到晚休，外班气力大如牛。”

▲ 民国时期修建铁路的民工，正在维修枕木

▲ 1948 年，铁路工人正在铺设铁路轨道

整体而言，铁路工人人数多，组织程度高，力量大；种类多，工资收入差距大，整体待遇较优；绝少女工，较少童工，年龄结构趋于合理；有很强的爱国意识。铁路工人群体是随着近代铁路交通事业的发展而出现的，其本身也是社会变迁的产物，他们的发展和壮大又进一步促进了社会变革。铁路行业高技术工人，或者开火车的司机等，在整个铁路工人中的比例并不高，他们的收入稳定，生活相对还不

▲ 1949 年 2 月，南京等候领取工资的铁路工人

错；那些苦力的收入就很可怜了，没有办法与铁路技术工人的收入相提并论。

所以，谈及民国铁路工人的生活话题，还是得采取实事求是的分析态度：在最差的时候，它确实是地狱；在最好的时候，它也只是极少部分人的享受。一个普通的铁路工人在民国最好的年代，也就是维持勉强温饱的生活水平。

风鼓铁轮送到家

——客车等级

清末上海有一首竹枝词描述火车刚出现时的情景："火轮坊转木桥西，马路迢迢草色齐；流水是车龙是马，一鞭争逐夕阳低。"1876年上海吴淞铁路通车时，人们称那个泥石垫高、砖木结构，总面积不过100平方米的火车站，叫"火轮坊"，俗称"上海火轮房"，这是上海最早的火车站。几十年后，到民国肇始，南京没有"火轮坊"的概念，民众称火车为"风鼓铁轮"，都很形象地道出了江南民众对于火车的印象。“风鼓铁轮”能够将乘客平安送到家已经是上上大吉了。

在小说家们的笔下，火车车厢成为民国时期新的公共空间，也映现出民国以来的政坛风云、社会百态和风土人情。民国火车的客车车厢有不同等级。1936年，国民政府铁道部颁布《中华民国铁路客车运输通则》，把旅客客车车厢分为头等、二等、三等。各等级火车票颜色分别以红色、白色、蓝色印制，不同等级的车厢，舒适度、待遇、价格，均有差别。毋庸多言，自然是一等票最舒适，但价格最高；三等票最拥挤，但价格最便宜。著名作家叶圣陶的童话《含羞草》，形容头等车的舒适：“椅子是鹅绒铺的，你一坐下去，周身密贴，软绵绵地，把你托住了。”设备华丽，座位宽大，地下铺有地毯，化妆室、卫生间等一应俱全。就像飞机上设头等舱一样，头等的火车车厢显然是为权贵与阔佬准备的；二等车厢的装饰设备虽然没有头等车的奢华，但也说得过去，软垫椅，座位空间还是较为宽敞；最难的是三等车厢的硬座车了，设施简陋，空间极为逼仄。尤其是到了晚上，灯暗、人多，没法看书报，也没法睡觉，三等车一般还紧挨着火车头，理由很简单，离火车头越近，震动越厉害。如果火车发生意

▲ 民国时期沪宁列车豪华会客室

外，也是越靠近车头越危险；此外，离火车头越近，火车煤灰飘得越多，弄得灰头土脸。俞平伯曾说过，坐三等车到站第一件事情就是抖一抖身上的煤灰。不过，到了寒冬，客车排列又会反过来，头等车最靠近机车，二等、三等随后。这是因为火车暖气里的热水都是从锅炉流出来的，自然是离机车越近，暖气越热。

▲ 民国时期沪宁列车的专车吧台

就如同权利与义务的关系一样，你出的钱多，自然就享受好的待遇；你出的钱少，自然就得受点罪，这也没有什么好说的。民国时期也有类似后世“春运”的拥挤，春节回家团圆也是身处异乡客地游子心头最大的期盼，要想回家过年，面对火车站、汽车站那乌泱泱的人群，能否抢到票，能否挤上车，那也要看你的本事了。所有人都要到火车站售票窗口买票，作家梁实秋曾经形容当年买火车票的情形：“买票的时候，气力稍微虚弱一点的人，就有性命之虞。”1923年，作家郁达夫从上海乘火车到杭州，找到了一个人很少的窗口买了张票，“我还是上那靠近大门的窗口去买罢！这里买票的人正少得很！”他正暗自得意时，结果发现居然是买了一张二等座，把接下来的膳宿费都一次性报销了。错买二等座，他肠子都悔青了。民国时的一些名人，哪怕出名后，能坐得起火车的也不多。比如郭沫若，出了名后，出行也只能是偶尔坐一趟火车，而且回回都是末等座，他是够精打细算的。

▲ 1948 年京沪线列车的二等车厢

民国时期火车票价格实在不菲，如从南京到上海，即使乘坐末等的三等座，也得将近3块大洋，这差不多是一个保姆一个月的工钱。

▲ 1943 年乘火车逃离灾区的灾民，他们连挤上火车都非常艰难

民国的火车除高级车厢之外，因为从来不标注座位号，大部分人乘坐火车都是靠先挤后抢，没有座位是常有的事。《火车上的民国》一书的作者记录了一个故事：据说1925年，在杭州工作的朱自清到上海探望叶圣陶等友人。几天之后，朱自清乘火车返回杭州。老友相别，自然有几分不舍。在火车站，大家正在依依惜别，不知道谁说了一句很扫兴的话："早点去占个座位吧。"朱自清听罢，"转身径去，头也不回，就向车厢走去"。为了抢座位，一位名作家尚且表现得如此真实，可见在民国乘坐火车殊属不易。

▲ 民国时期普客列车，普通民众乘坐火车的场景就完全不同了

汽笛一声留不住

——老火车站

一百年前乘坐过民国火车的人，想来在世的已经不多了。他们当时以坐火车的方式来观察这个多姿多彩的社会，不知会有怎样的感慨。沿着江南各大铁路干线，那些星罗棋布的火车站，可以说每个火车站都有一段精彩的故事和记忆。

辛亥革命爆发后，孙中山取道欧洲回到上海，1912年1月1日上午10时，孙中山从上海北站起程，前往南京，就任中华民国临时大总统。仅仅92天后，孙中山卸职临时大总统，又回到了上海。在这里，他度过了一段相对平静的隐居生活，完成了他最重要的思想遗产

《建国方略》。上海老北站也是很有故事的地方，民国成立以来的第一桩震动全国的政治血案就发生在这里。1913年3月20日22时45分，民主革命先行者宋教仁被刺杀于上海火车站；1931年王亚樵刺杀宋子文未遂而误杀了其秘书唐腴胪事件，也发生在这里。

火车站承载着太多的记忆与故事。民众在南京下关站迎接孙中山

▲ 1907 年建成的上海北火车站是沪宁铁路的终点站

▲ 1911 年革命军占领上海后，派兵保卫沪宁铁路车站

灵柩的肃穆，作家朱自清在浦口火车站目送父亲的背影，郁达夫在上海北站抱着妻子哭得死去活来的场面……沿着铁路线各火车站，有各地的风土人情，那些发生在候车室里、月台上、火车上的一幕幕往事，有助于寻回历史深处的感动与震撼。1915年春，清末湖北候补道，长期居留武汉的广东人罗汉，曾经以《火车站》为题写下竹枝词：“智门车站往京津，送客朝朝逐软尘。汽笛一声留不住，有人含泪拂罗巾。”当汽笛响起，列车启动，窗外的景色穿过朦胧泪眼渐渐退去，相聚的时间总是短暂，火车站进站口，一位老人送完亲人进站后，拿出手巾擦拭眼泪。相见时难别亦难，那些不舍和难过，全部融进了一个拥抱、一个眷恋的眼神和停不下的泪水。人潮拥挤的火车站，见证了太多的亲人离别的悲欢和思念。

吴淞铁路建了又拆，火车站也不复存在。直到1898年，建淞沪铁路，沿原吴淞铁路走向重铺路轨，火车站移到靶子路北。1904年，淞沪铁路并入沪宁铁路，线路向西延伸460米至宝山路西侧，在此另建

▲ 1912 年 1 月 1 日，孙中山在上海北站准备乘专列去南京赴任中华民国临时大总统

▲ 民国初期，沪军都督府派兵保卫沪宁铁路车站

▲ 1937 年，火车站遭到侵华日军野蛮轰炸，摄影师王小亭拍摄完照片后救助小孩的情景

新站，改名淞沪车站。1908年，沪宁铁路竣工通车。沪宁铁路上海站称沪宁车站，东邻淞沪车站，南接公共租界。站址原是一片芦苇荡，经运土填造而成。站屋仅平房6间，除售票、电报、邮政、办公用房之外，另两间为候车室。这个车站与前两个车站相比，不仅规模宏大，而且气派华美。火车站占地10.5万平方米；一幢4层英式洋房，占地1 950平方米，内有房屋76间，共5 000平方米，集办公、候车、售票于一体。

这是一幢整体为三层中间有五层的英式建筑，由英国人设计，造价32.9万两银元。整栋建筑为钢筋混凝土结构，墙基打木桩，墙角用产自青岛的青石，底层外墙砌花岗石，二层以上是红砖清水墙，饰以浅色条形嵌石，配大理石廊柱和拱形门窗。1916 年12月，沪宁、沪杭铁路接轨，沪宁铁路上海站成为两路总站，改名“上海北站”，沪杭铁路上海站改名“上海南站”。上海北站开站初期，每天有10对客车出发和到达，1 000多名旅客在此上下，还有20车货物到达，棉纱、蚕茧、火柴、肥皂、时髦的服装、当天出版的报纸都由此向外地传输。

上海火车站（即老北站）在今天目东路上站稳脚跟后，上海城市的格局也发生了改变。首先，它有效地阻遏了公共租界向北扩张。老北站建成后，上海租界的北上势头戛然而止，转而向西去了。自建成后，每逢战事北站一直是被打击和被攻击的目标，20世纪30年代日寇侵华，两次淞沪战争，日军轰炸闸北，北站首当其冲，毁损严重。

侵华日军占领期间，改称“上海驿”，继续办理火车运输业务。抗日战争胜利后，京沪区铁路管理局接管上海北站。1947年升格为上海总站。从20世纪20年代末至40年代，连接上海和南京的沪宁铁路异常繁忙。上海是中国最大最繁华的城市，行政大员、工商界实力人士频繁往来于南京和上海之间，上海老北站就成了高官巨贾们的必经之地。直到 1949年5月27日上海解放。1950年8月1日，更名为上海站，上海火车站才获得了新生。

第五章

民用航空事业的创办

民国北洋政府于1913年8月，还是在北京的南苑机场，创建了中国第一所正规的航空学校——南苑航空学校。此后北洋政府先后从英国、法国、美国购买了爱佛罗、高德隆、道济等型号飞机100多架，开展民用航空事业。

1927年国民政府定都南京，中国航空业得以迎来较大的发展。1928年，中央军校航空班在南京成立。1930年，国民政府决定择址杭州笕桥，在原中央军校航空班的基础上扩建为中央航空学校。1931年春，学校校舍和与同期新建的中央飞机制造厂合用的跑道等附属设施落成。1932年6月，开始培养飞行人才。1937年11月，中央航空学校从杭州迁往云南昆明巫家坝机场云南航空学校原址，为全民族抗战培养空军人才，并改组为中央空军军官学校。

1922年，原为北洋政府淞沪护军使署的龙华大操场被正式辟为机场，是为龙华机场。1929年上海至南京航线开通，虹桥机场成为上海最早开通的民航机场。抗日战争中，虹桥机场被日寇占领并加以扩建，变身为军用机场。

1929年10月，由中美合资合营的中国航空公司在龙华机场开航，抗日战争开始后，从上海搬到重庆。中航虽名义上是中国企业，但在重大决策方面却完全由美方决定。1933年，美国泛美航空购买了美方所有的45%的股份，并为中国航空公司的发展增添资金和人才，更加壮大了“中航”的实力。同年6月，主要是开通了上海至广州的国内航线。1936年7月西南航空公司开辟了广州至河内的国际航线，这也是其第一条国际航线。

就在美国资本进入中国航空业的同时，德国资本紧随其后进入，1931年中华民国交通部与德国汉莎航空共同出资成立“欧亚”航空公司，1941年因中国对德宣战，中德断交，欧亚航空资产由国民政府交通部接收。1943年改组为中央航空公司（简称“央航”）。除了“中航”“欧亚/央航”“西南航空公司”之外，各地方势力也在各自的势力范围内发展航空业，若干短途航线也相继开办和开通。

尽管中国民航业从晚清到民国几十年的时间里从无到有，建立起相对系统的现代航空产业，但其发展历程却是一波三折。在中国民用航空业艰难发展的同时，也发生了一桩桩令人痛心的空难事故。

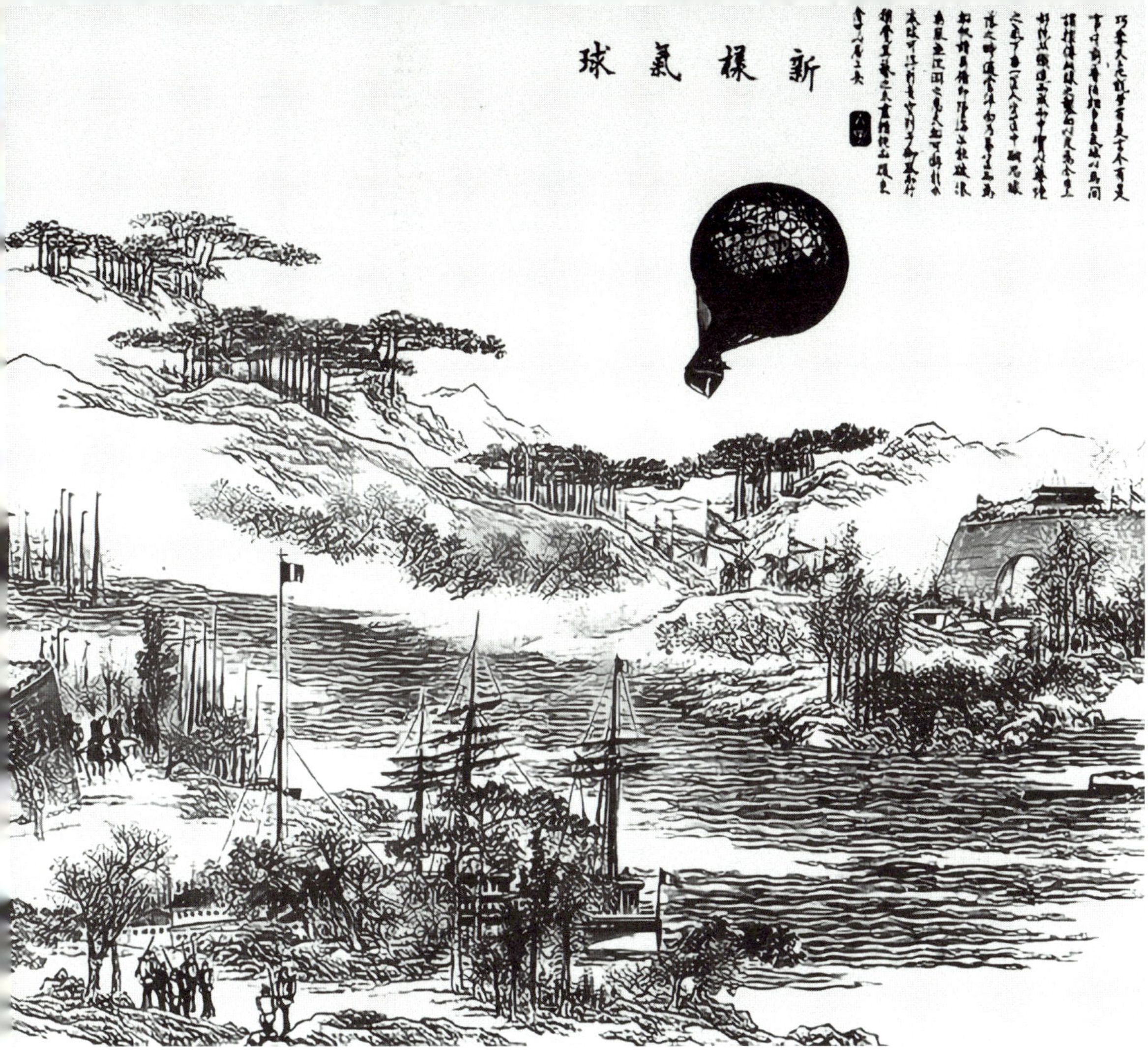

▲ 1884 年《点石斋画报》刊发“新样气球”

大鹏一日同风起

——飞行梦想

从严格意义上说，世界航空事业是步入20世纪后才逐渐发展起来的。尽管如此，中国古人一直存在着飞天梦想，如萧史乘龙、弄玉跨凤、嫦娥奔月……这些美丽而动人的飞天神话故事和传说，至今还在民间流传。古代社会，没有科学与技术，人们向往翱翔蓝天的美好幻想，只能存在于这些神话和传说中。

古人看到鸟儿在辽阔的天空中飞翔，就会激起丰富的想象力，人若模仿鸟的某些动作，是否也能飞行呢？民间流传着许多飞向天空的神话传说，如人文初祖黄帝骑着龙到天上去做神仙；征服洪水的英雄大禹也曾经驾着龙到天空游玩；周穆王访问西王母时，曾经乘着一辆“黄金碧玉之车”腾云驾雾，以日行万里的速度奔向西方的昆仑山，而作为主人的西王母，则乘一辆更为华丽的“紫云车”；神话传说中还有秦穆公的女婿是乘龙的萧史，女儿是跨凤的弄玉，他们都能在天空中自由飞来飞去。战国时期的伟大诗人屈原在《离骚》里，想象自己坐进飞龙拉着的车里，在空中飞行。云像一面面旗帜迎风飘扬，凤凰在他的旁边飞鸣。他飞过高峻的昆仑山，飞过望不见人烟的流沙，最后到达广阔的西海。

▲ 1889 年《点石斋画报》刊发天津武备学堂在“演放气球”

▲ 清末《点石斋画报》上刊登的飞船画，可见画师的飞船想象和构图方法

鲲鹏可以“抟扶摇而上者九万里”，孙悟空一个筋斗云可达“十万八千里”，嫦娥偷服灵药可以飞向月宫，列子能御风而行八荒等。古人对于浩瀚长空充满着向往与惊叹，表达了人们对飞天的想象和探索。虽然那时的人们还掌握不了实际的航空技能，但借由对寥廓长空的想象，许多飞天的神话传说传诵至今，成为中华文明的千年瑰宝。那些看似失败的飞天尝试和伟大的飞行梦想也为后人研究航空航天提供了丰富的灵感。

从尧舜时代的飞行传说，到牛郎织女与嫦娥奔月；从道教中的飞升传说，到历代诗人们的飞行想象，无不寄托着人们对飞天的向往和憧憬。例如唐代诗仙李白就曾在《上李邕》《宣州谢朓楼饯别校叔叔云》《临路歌》中借大鹏这一传说中的神兽，飞上九天云霄，摘星揽月，尽情地倾诉着人们飞天的梦想，“大鹏一日同风起，扶摇直上九万里”。《梦游天姥吟留别》中“我欲因之梦吴越，一夜飞度镜湖月”。还有宋代大文豪苏轼《水调歌头》中“我欲乘风归去，又恐琼楼玉宇，高处不胜寒”，《金山妙高台》中“我欲乘飞车，东访赤松子，蓬莱不可到，弱水三万里”……飞行、飞升、飞天的神话传说与诗句，成为先人向往飞天的精神寄托，丰富了中国古代文化的宝库，激发了古人对飞行、飞天进行最初的实践探索，说明了人们希望总有一天，能够自由自在地在空中飞来飞去。有飞行的理想，就会有飞行的实践。有不少古人甘冒风险，大胆进行了飞行试验。

飞天是人类最古老的梦想之一。自古以来，中华民族就向往飞向

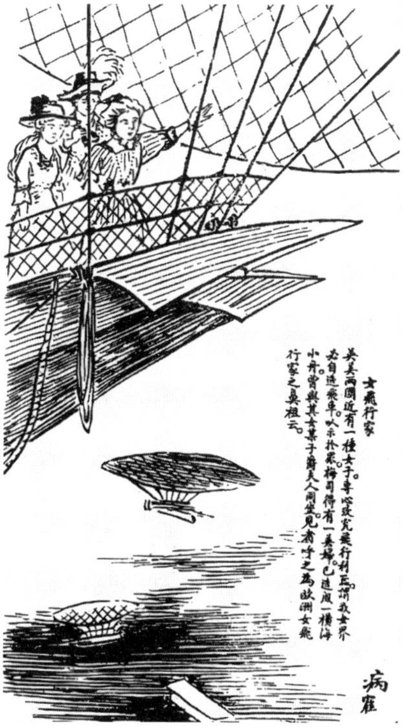

▲ 1909 年《申报图画》刊发“女飞行家”

▲ 1909 年《图画新闻》刊发西人“飞艇成婚”之奇闻

太空，遨游宇宙。敦煌石窟的仕女飞天壁画，寄托着华夏子孙的飞天梦想。为实现飞天之梦，中国古人发明了飞车、木鸟、风筝、孔明灯、竹蜻蜓等多种飞行器，甚至有了万户飞天的实践探索。

近代创刊于1884年的《点石斋画报》，由我国最早的石印出版机构点石斋书局出版，上海《申报》随报附送，至1898年停刊，前后14年，共出版44集528期，共刊图文4 666幅，它最先采用“时事画”创作方式，是近代中国影响最大的新闻画报。其中《海外奇谈》栏目刊登的很多画，大多是根据英文报纸《字林西报》等新闻报道的文字，再加上作者的想象力画出来的。清末《点石斋画报》不断刊登有关外国飞船发明的图画，飞船的形状各式各样。此外还有不少都市传媒中的其他画报，可以看到各式来自西洋的飞行器，有的作飞船状，有的作飞车状，“新样气球”“飞舟穷北”等，可以看作晚清民众对西方科技的理解，也表达了画师们对飞行器的欣羡，这些画面激起了民众对于“飞天梦”的热情想象。

黄花又见泣秋风

——飞行英雄

1883年1月12日，冯如出生于广东恩平的一个贫穷农民家庭，自幼聪慧有志。12岁那年，在美国旧金山做小生意的舅父提出要带他到美国去谋生，父母疼爱他，不愿放他远行。可冯如说：“大丈夫以四海为家，株守乡隅，非吾所愿也。”终于跟随舅父远涉重洋到美国谋生，先是在美国旧金山做童工，及长，又到纽约刻苦学习机器制造知识和英文，兼修多项专业知识。经过10年的学习和工作实践，他掌握了机械和电器的技术知识，他制造的小型发电机，不但运输、移动方便，而且发电效率优良，除了航空，用在抽水机、打桩机、无线电收发机等机器上都精巧、实用，广受欢迎。

从1906年开始，冯如立志要为中国人造出第一架飞机。

▲ 中国第一位飞机设计师、制造者和飞行家冯如（1883—1912）

▲ 冯如在奥克兰市的工厂里，使用他自己设计的电报系统

1908年5月，冯如和他的三位助手，租得美国旧金山东北奥克兰市东九街第359号一间面积不到8平方米的房屋为厂房，定名为广东飞行器公司。靠着从爱国侨胞中筹措到的资金，冯如和助手们一起开始了飞机研制工作。他们夜以继日，白天跑图书馆和书店，多方收集资料，晚上通宵达旦地进行研究，像上满了弦的钟表一样不停地运转。

为了解决飞机的稳定性和操纵性等一系列复杂的空气动力学问题，冯如除大量查阅参考资料之外，还认真地观察鸟类的飞行和测量鸟类部分外形尺寸与重量之间的比例关系。然后，再按人的飞行需要配置飞机的各种部件。最后，在制造飞机之前，又设计和制作了飞机的缩比模型。资金匮乏，器材简陋，材料、工艺要求严格，造飞机遇到的困难都摆在了冯如的面前。这时，国内的父母家人都催促他回家团聚，也有人劝他回国造飞机。冯如写信耐心地劝慰家人，在国内造飞机不可能得到清政府的支持。他毅然表示：“飞机不成，誓不返国！”冯如在助手与伙伴们的帮助下，苦苦思索着飞机试飞失败的原因，改变了机身和两翼的比例，搞出了新的飞机设计方案。

1909年9月21日，冯如驾驶着一架自己设计、自己制造的飞机“冯如1号”，迎着太平洋刮来的强劲西风，升上了天空，之后缓缓降落在

▲ 1909 年 9 月 21 日，冯如在哥林达市再次驾机试飞

草坪上。这架飞机的机翼、方向舵、螺旋桨、内燃机等部件全部是由冯如等中国人自己制造的，其试飞航程达884.67米，是飞机发明者美国莱特兄弟1903年首次试飞距离259.69米的两倍多。冯如创造了飞行航程32千米、时速104千米、最大飞行高度200多米等一系列世界新纪录，在世界早期航空史上赢得了光荣的一席，为中国添上了新的光彩。中国人制造的飞机终于上天了，这次飞行受到美国媒体的高度评价。1909年9月23日的《旧金山考察家报》上说：“在航空领域，中国人把白人抛在后面。”“冯如1号”首飞成功后，经过改进，又研制了“冯如2号”，并于1910年10月至12月，由冯如驾驶，在奥克兰市进行了多次飞行表演，大获成功。1911年1月，美国《旧金山星期日呼声报》以“他为中国龙插上了翅膀”为标题，整版介绍了冯如其人其事。

HE WILL FIT WINGS TO THE CHINESE DRAGON

Imperial Government Calls Home Fung Joe Guey Who Made Many Flights at Oakland in the Machine He Invented, to Equip China's Army With Aeroplanes

By George G. Clarke

THE KINGDOM OF CARPANTHIA

▲ 1911 年 1 月 18 日，冯如驾驶飞机在奥克兰市的圣弗朗西斯科湾岸边的艾劳赫斯特广场公开试飞成功

1911年2月，冯如谢绝美国多方聘任，和他的三个助手一起，携带自制的两架飞机及部分制造设备回国，为开创中国的航空事业和实

行民主革命而奋斗。辛亥革命后，冯如被孙中山任命为广东革命军陆军飞行队长。令人痛惜的是，1912年8月25日，冯如驾机在广州燕塘进行飞行表演时，不幸失事牺牲，年仅29岁。临终前，他仍吃力地将失事原因告诉助手，并勉励其“勿因吾毙而阻其进取心，须知此为必有的阶段”。他被安葬在黄花岗七十二烈士墓园，与革命志士齐辉。

在冯如蒙难处召开的追悼大会上，文学家何淡如为他书写两副挽联：“公乃岭表英才，可惜奋翮未酬，铁血已凝珠海石；我亦国民分子，自愧穷途辍学，灰心羞谒岘山碑。”“殉社会者诚甚易，殉工艺者则尤难，一霎坠飞机，青冢那堪埋伟士；论事之成固可嘉，论事之败亦可喜，千秋留实学，黄花又见泣秋风。”中国首创飞行大家、杰出的飞行英雄冯如的英年早逝，真是壮志未酬身先死，长使国人泪满襟。

▲ 1912 年 8 月 25 日，冯如在广州燕塘准备试飞的情景

▲ 民国时期试图振兴的中国航空

往来南苑龙称便
——民航发轫

1912年2月，冯如驾驶自制的飞机在中华民国首都南京举行中国第一次航空飞行演习，可以说就是我国航空事业发展的一个开端。只是同年8月25日，冯如在广州郊区燕塘作第二次飞行表演时发生事故罹难，使中国航空制造和民航事业一度陷入停滞。直到1920年，民国北洋政府成立的航空事务处才正式开始购买飞机运营，并开始管理全国航空行政事宜。

北洋政府统治时期，从1912年直到1928年，先后有31任正式国务总理、27任代理国务总理，换总理如同走马灯，可见当时的政局有多动荡。如此政局，民航事业更是受到影响而止步不前。早在清光绪三十年（1904），还处于清末新政时期，袁世凯为了培植属于自己的武装力量，组建了北洋第四镇，后又改编为第六镇，总部即驻守在南苑。袁世凯“倾全国之财，练六镇之兵”，从而使第六镇完全掌控在他的手中。次年，又修建了京苑轻便铁路。正如《京华百二竹枝词》所写：“一六森严两镇兵，分屯两苑卫神京。往来南苑龙称便，军用火车已畅行。”袁世凯这才有了威吓宣统退位、窃据大总统之位的资本。袁世凯执政后，为了继续扩大自己的军政实力，1914年，决定在南苑开办航空教练所，这是中国创办的第一所比较正规的航空学校。当时购得法国高德隆双翼教练机及维修设备，并拨款6万银元，将南苑练兵场扩建为飞机场，成为中国历史上第一所航空学校。1920年4月24日，英国飞行员驾驶汉德利·佩奇式客机，由南苑北京机场飞往天津，开启了中国蓝天飞行新的篇章。京沪线京津段的开航，可以视为中国第一条民用航线的雏形。

▲ 20 世纪 30 年代，上海一批新闻记者搭乘中国民航班机赴美访问前登机时的兴奋心情

▲ 20 世纪 30 年代，随机去美国的上海市商会主席王晓籁及诸多乘客

1928年，南京国民政府主政时期，为了赶上欧美航空业的步伐，决定在交通运输科建设第三部门——民航科。1929年5月，沪蓉航线运输部成立，先后引进4架美制轻型客机。1929年7月8日，沪蓉航线正式开航，由国民政府交通运输科直属。这条航线原计划设置上海—南京—汉口—宜昌—重庆—成都几个经停站，但唯一运行过的航段只有上海到南京。这条民航航线运载乘客1 477人次，仅运行不到半年，当年就关闭。

▲ 法国里昂收藏的民国时期“中国航空公司画报”图

▲ 中国航空协会会员单位的“救国号”飞机

1929年4月，国民政府铁道部筹建中的中国航空公司，管理民用航空事务，并委派铁道部部长孙科兼任该公司理事长。这家“中航”由中美合资建立，中方占40%股份。成立初期，以南京、上海、北平、广州四地为干线中心，并逐步建立起覆盖全国的航空运输网络。由于美方是大股东，在中国领空随意飞行，引起中国各界人士特别是邮务部门的极大愤慨。上海邮政工会于1930年元旦组织示威大罢工，各地工人纷纷响应。经过几个月交涉，国民政府废除《航空运输及航空邮务合同》。1930年8月，国民政府交通部签订合同，决定将飞运航空以及沪蓉航线运输部合并，组建新的“中航”公司，直属中华民国交通部。总部设在上海龙华机场，是当时亚洲规模最大的民航机场。

1930年，随着汉莎航空在亚洲地区势力的不断扩大，国民政府航空运输部与汉莎航空签订《欧亚航空邮运合同》，中德双方合资成立欧亚航空公司，1931年5月31日，欧亚航空公司正式开航。主要经营沪满线（上海—南京—济南—北平—林西—满洲里，开通不到一年就因九一八事变停航）、沪新线［上海—南京—洛阳—西安—兰州—迪化（今乌鲁木齐）—塔城以及上海至西安、西安至兰州］、京夏线（北平—包头—兰州—银川）、西昆线（西安—成都—昆明），虽说有4条航线，其实由于战乱而大多被搁置，截至1936年底，欧亚航空公司航班里程7 600千米，比同时期的中航多出了1 000多千米，但仍因机型、办事处等因素导致航线不能定期运行，飞行不正常是常有的事。

1946年12月25日，三架中航客机正从重庆飞往上海，三架飞机上共承载仅100名乘客与工作人员。正当飞机即将降落上海时，意外却突然发生，三架飞机竟惊人地先后在即将降落时坠毁，只有极少数幸存者，经济损失达25亿法币。这三起同时同地发生的空难，给抗战胜利后再度迎来生机的中国航空业带来沉重打击。在中国民用航空业出现与发展的过程中，各种危机一直形影不离，但中国民用航空业的开拓者们仍不屈不挠，历尽各种艰辛，为1949年新中国成立后民航业的发展壮大打下了一定的基础。

船过龙华十八湾

——龙华机场

1911年上海还发生过一件空难事故，这就是乘飞机环球旅行，在上海表演其飞行技术的法国飞行家环龙，带着单翼机和双翼机来到上海进行飞行表演。2月25日，首场表演于江湾跑马厅举行，2000余名华洋人士观看了这一历史性的时刻——飞机第一次翱翔于中国的天空。由此环龙一炮走红，成为上海滩炙手可热的人物，紧接着环龙又作第二次飞行表演，据说当时的参观券很卖座，观众也是数以万计。

▲ 1937 年，中航上海龙华机场行李柜台的人们

1911年5月6日，环龙在上海举行第三次飞行表演，这也是计划中最后一次的飞行表演，移到市中心的跑马厅作为降落场，

▲ 1929 年航空署接管龙华机场，改为民用水陆航空站管理机场

然而就在数万中外人士的瞩目中，环龙驾驶的飞机出了故障。由于坠速过快，飞机解体，法国人环龙伤重不治，殒命上海滩。当年《申报》对环龙坠机做了详细报道。作为最早飞翔于中国上空的飞行家，环龙在上海结束了短暂的一生。鉴于环龙为了观众安全而选择避让的英雄之举，1912年，上海法租界公董局在法国公园（今复兴公园）为这位同胞建造了一座环龙纪念碑。法租界当局还将一条新筑就的道路命名为环龙路，这就是今天上海的南昌路（雁荡路以西路段）。

法国飞行家在上海飞行表演时坠机身亡，使第一次看到飞机飞行的中国人极为震撼。1910年中国购买了第一架飞机，1913年民国政府成立培养飞行人才的航空学校。至1920年左右中国已有近80名飞行员，但飞机数量却远低于飞行员的数量。在中国民航业的发展史上，始建于1917年的龙华机场有其重要的位置，它是中国最早建成的大型机场，也是远东地区最大的机场，位于上海市中心的西南部，毗邻著名的龙华寺，因而得名。龙华机场是中国民航的发源地之一，

▲ 20 世纪 40 年代，准备乘飞机出行的一家上海人家在龙华机场候机室候机

▲ 20 世纪 40 年代，上海龙华机场准备登机的乘客

也是民国时期运营时间较长的机场之一。龙华机场是著名的“中国航空公司”的大本营。

上海龙华，不仅龙华寺有名，早先的古村落也极具土地记忆与历史记忆，百工会聚，商贾渐盛。清乾隆《申江竹枝词》云：“三月十五好，游踪多集古禅关；浪堆载得钟声去，船过龙华十八湾。”清同治十三年（1874），经两江总督曾国藩奏准，在龙华设营汛署。龙华开始成为上海的军事重地。19世纪70年代，江南制造局成立，在龙华寺北面购地80余亩，建该局龙华分局，又称龙华黑药厂（或龙华火药厂），生产洋枪细药和铜冒炮引等。

进入民国，1913年7月28日，北洋政府在龙华兵工厂设上海镇守使署，1915年11月18日，松江、上海两镇守使裁撤，改设淞沪护军使。署址设江南制造局内。1916年淞沪护军使署迁至龙华新署。1919年8月，北洋政府任命浙江宁台镇守使兼第六混成旅旅长何丰林为淞沪护军使。在何丰林任护军使期间，龙华开始建设机场。所以，龙华机场又是上海最早的军用机场。1922年被称为“龙华飞行港”。1927年，当时的陆军第十师因军事训练需要，向国外订购6架飞机。由于装配飞机需要宽阔的场地，因而择定龙华大操场作为飞机装配之地。1922年秋，为停放已装配好的飞机，分别在大操

▲ 1948 年 12 月，上海侨民在龙华机场排队登机

场内建造了6间竹房和3大间瓦房，乃成陆军机场。

1929年10月，经国民政府军政部批准，由航空署接管龙华机场，遂成为民用航空机场，并设立了“龙华水陆航空站”的管理机构。同年，投入民航运输，民国的“中航”“欧亚/央航”等航空公司均与龙华机场有不解之缘。1935年10月25日18时45分，“欧亚”第二架容克JU52型大型飞机，成功在龙华机场进行夜间降落，成为上海当时一大新闻。

1937年全民族抗日战争爆发，是年11月，上海沦陷，龙华机场被日军侵占。至1944年，日伪勾结，为了军事上的需要，先后两次强圈民地扩充龙华机场。1945年日本投降后，“中航”“央航”（原欧亚航空改制）决定把总公司陆续迁回上海，并立即投入紧张的“复员运输”。1947年10月6日，中美航线处女航在龙华机场开航，由空中霸王式南京号直飞旧金山。1948年12月，以上海为基地的“中航”“央航”开始陆续搬离上海。直至1949年5月27日上海解放。上海市军事管制委员会空军部（后改为华东军区航空处）接管龙华机场。

工业救国之典范
——捐机报国

民国初期，“航空救国”的议题，最早是由我国飞行英雄冯如提出的，后得到孙中山先生的采纳与推崇，他主张将飞机用于军事，以推翻北洋军阀统治，结束军阀混战局面，恢复民主共和，并建立有空军的现代国防，以航空促进国家经济建设和科学进步，这个思想得到海内外中国人的积极响应。作为总理遗训后来写进国民政府的《训政纲领》，此后便成为国民政府交通建设方面的重要内容。

南京国民政府主政后，正值西方国家空军力量日趋强大。1911年飞机首次参战，使战争开始从平面向立体转化，将战争及军事科学推向一个新阶段，引起许多国家的重视，纷纷建立军事航空训练机构和航空

▲ 20 世纪 30 年代，驾驶“天厨”号驱逐机的中国空军战神高志航，右为吴铁城

▲ 1933 年上海天厨味精创始人吴蕴初捐献“天厨”号飞机，支持抗战

部队。南京国民政府认识到空军建设的重要性，于是设立航空处，并很快改为航空司令部，但鉴于财政方面的不足而未能组建自己的空军，并且主要负责全国航空方面事务的航空署也只是军政部下的一个机构，随后，航空署变更为直属军事委员会之航空委员会，隶属于国民政府。

随着“航空救国”理念深入人心，人们越来越关注中国未来航空事业的发展，建设强大空军的理念与愿望也逐渐加深。1932年发生“一·二八”事变，民族危机加深，日军空袭上海，对我国沿海城市进行轰炸，给沿海居民生命财产造成了重大损失，也使国民政府切实地看到了自己空军力量的薄弱，“无空军即无国防”，于是动员民众，有钱出钱，有力出力，发起一场“爱国捐机”运动。这场运动开始于南京、上海，不久便扩展到全国。上海市政府将市民的全部捐款购买了5架战斗机。1933年9月9日，在上海虹桥机场举行了隆重的捐机命名仪式，5架飞机分别命名为“上海号”“沪工号”“沪商号”“宁波专号”（2503号飞机是宁波高等专科学校捐献的，因此得名）和“沪童军号”。

在上海创办天厨味精厂的“味精大王”、著名化工专家吴蕴初，怀着强烈的民族与爱国情怀，在“爱国捐机”运动中一马当先。“一·二八”事变发生后，吴蕴初就带领天厨员工为前线输送军需品及慰问品，同时和技术人员积极研究战争中的化学技术，与康元制罐厂合作制造了防毒面具，支援十九路军抗战。吴蕴初痛恨日本侵略者横行无忌的野蛮行径，对“航空救国”的主张深表赞同，他又认为航空救国不能空谈。他与自己的事业伙伴张逸云商定，将天厨上一年的利润9万元如数捐出，不足再提2万元，向德国禅臣洋行购买了一架容克K-47攻击机和容克A-50教练机送给中国空军。1934年3月18日，虹桥机场举行了隆重的飞机命名典礼，共有4架民间捐助飞机参与盛典。南京国民政府和各团体代表及市民前往参观者不下3万人，可谓盛极一时。随后，这架容克K-47攻击机被命名为“天厨”号，容克A-50教练机被命名为“天厨副号”，命名仪式结束后分别赠给中国空军和中国飞行社上海分社。另外两架飞机是上海滩大佬杜月笙捐赠的“月辉号”“月文号”，它们都是教练机。当时邹韬奋在《生活周刊》上撰文盛赞吴蕴初为“工业救国之典范”，“代表了民族复兴的希望”。国民革命军十九路军蔡廷锴将军为感谢吴蕴初对前方将士的

▲ 1936 年，日本侵华战争迫在眉睫，当时中国各界踊跃捐资捐机

支援，赠送“科学救国”的亲笔题词。

淞沪抗战爆发后，繁华的大上海瞬间沦为烽火战场。硝烟弥漫中，上海民众组织文化、教育、职业、学生、工人等各界抗日救亡协会。在抗日民族统一战线的旗帜下，凝聚起万众一心的抗日救亡热潮，向全世界彰显中华民族不屈的战斗精神。以南京和上海为中心，还掀起一股航空救国的热潮，“航空公路建设彩票”便是在此时应时而生并组织发行的，原本作为休闲娱乐的彩票，已成为中华民族抗击日本侵略的武器。彩票的正面各期主色不同，图案及文字基本一致，票首均印有“国民政府航空公路建设奖券”字样，下面一般是上海外滩建筑、空中翱翔的飞机、地上奔驰的汽车等图案。航空彩票中奖率为1%，即每百张中可有一张中奖，设特等奖一名，奖额50万元，这对社会大众也有一定的吸引力，更重要的是大众对航空救国运动的热忱，所以，几乎每期奖券一出即被抢购一空。每期总发行额从三四百万元增加至500万元，发行面遍布苏、浙、皖、鄂、赣、川6省。民众高涨的抗日热情，转化为一股强大的物质力量。

▲ 1937 年《商报》刊登的大运公司销售航空公路建设奖券广告

▲ 20 世纪 30 年代，国民政府航空公路建设奖券办事处发行第 19 期航空公路建设奖券

休言女子非英物

——女飞行员

近代中国，充满苦难，无数热血青年抵抗侵略，为民族解放不惜牺牲自己的生命，在近代航空史上还出现过一批“空中女杰”——女飞行员。先说一位女杰王灿芝，她是清末第一个为推翻数千年封建统治而牺牲的民族英雄秋瑾的女儿。1907年7月6日，安庆起义失败。

7月13日清兵包围大通学堂，秋瑾不幸被捕，两天后从容就义于绍兴轩亭口。年仅32岁的秋瑾遇害，除了留下为民为国的一腔热血，还有年仅10岁的儿子王沅德和6岁的女儿王灿芝。

母亲就义后，王灿芝被父亲带回老家湖南湘潭抚养。1920年辗转来到上海，1927年入大夏大学（一说持志大学）教育科行政系学习，肄业后，接任上海竞雄女学校长。1928年赴美留学，在美国纽约大学航空专科学习飞机制造和航空学两年，她以顽强的毅力，系统学习了飞机工程、航空教育、驾驶学、气象学、机械用品、无线电、学校组织等课程。1930年学成回国，成为中国第一位女飞行员，被美国航空界誉为“东方女飞将”。

如果说王灿芝继承乃母女侠遗风，走上飞行之路，那么另一位电影女明星，因为看了一场飞机特技表演，决心做一名飞行家，其事迹同样令人敬仰。她前往瑞士、美国深造，1935年获得飞行执照，成为中国第一代女飞行员，她就是李霞卿。很多人喜欢称民国的大家闺秀叫“名媛”，李霞卿出身名门，是名副其实的富家千金。她14岁踏足影坛，艺名李旦旦，是那个时候的当红花旦。年仅18岁的李霞卿便与胡蝶、阮玲玉等一众明星并称“星级七姐妹”，成为大众瞩目的焦点。正当人们期待她走向更辉煌的电影明星之路，然而拍完《木兰从军》，她便全身而退，给影坛留下了潇洒的背影。

▲ 1930年秋瑾之女王灿芝学成归国，成为中国第一代女飞行员之一

▲ 1930年王灿芝学成归国，成为中国第一个从事航空教育工作的女性

一次，李霞卿在法国观看飞机表演。几架飞机滑过巴黎上空，飞行员做出一次又一次惊险又漂亮的动作。飞机在天空上留下的痕迹转瞬即逝，李霞卿的心不由为之一震：开飞机冲上云霄，才是我想做的事。于是，她扭头就跑到瑞士报名学习航空飞行。后来又到美国奥克兰波音航空学校，只为了进一步学习更专业的飞行技术。有个美国教官戏谑地对她说：“你们中国女性的脚不是残疾的吗？裹着小脚，怎么开飞机啊？”李霞卿愤慨地驳斥：“我今天站到这里，就是为了告诉你中国女性能在地上走，也能在天上飞。”在学校，她的成绩永远是第一。

▲ 原是电影明星的李霞卿赴美拿到民航飞机驾照，1936 年成为《妇人画报》第 41 期封面人物

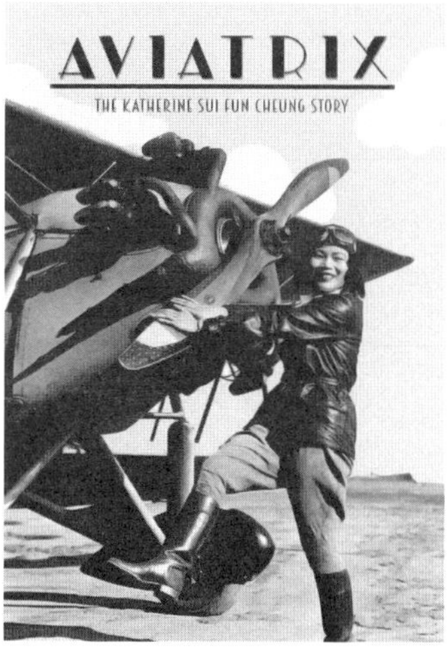

▲ 中国第一个在美国获得特技飞行的女飞行员张瑞芬

▲ 抗日战争爆发后，张瑞芬接受中国政府邀请，以中英双语飞行员的身份在美国盐湖城空军基地，培训来自祖国的空军飞行员

1936年，李霞卿学成归国，女明星变身飞行员。同年，应上海市政当局之邀，参加“上海市民献机命名典礼”，并与另一名驾驶员登机升空，进行特技表演，引起众人惊呼。次年，日本发动了全面侵华战争，战火在国内全面点燃。李霞卿上不了前线，就用一切手段宣传抗日，还在上海开办了三家学校和一家医院，用于救护伤员。1938年，李霞卿开始了在美国和加拿大的巡回飞行和演讲，多次主持募捐集会。为抗日救国，她也是鞠躬尽瘁。

李霞卿一次次用行动惊诧世人：她退出影坛后，戴上飞行帽，步入中国第一代女飞行员的行列，开创了各种先例：她是中国女性跳伞第一人；第一个在日内瓦拿到飞行执照的女性；第一位驾驶军用飞机表演的中国女性；第一个创国内长途飞行纪录的女性；又是唯一一个在南北美洲长途飞行的中国女性，来去如风，潇洒自如。

再说一个名叫张瑞芬的奇女子，她是“中国航空之父”冯如的同乡。1921年，张瑞芬中学毕业后随母亲迁往美国，起初进入音乐学院学钢琴，继而进入南加州大学深造，成绩优秀。她曾写下“莫谓闺中无杰出，一飞直上九重天”的诗句，后考入美国林肯航空学校学习飞行，是当时该校唯一的女生。谁能想到这年她已经27岁，并且是两个孩子的母亲了。张瑞芬在飞行生涯中创造了好几个“中国第一”：第一个取得美国国际飞行执照，唯一领取美国三种飞机驾照的中国女飞行员，她还是第一个参加美国妇女航空协会的中国女飞行员，是第一个中国女特技飞行员。

秋瑾当年曾写下《鹧鸪天·祖国沉沦感不禁》：“休言女子非英物，夜夜龙泉壁上鸣。”读民国的航空史，我们看到了太多的英勇无畏的女飞行员，为了国家的未来，巾帼不让须眉，呕心沥血报效祖国的精神永远值得我们铭记。

银雪空作化装舞

——航空产业

先看这组数据，1937年全民族抗战初期，中日双方的作战飞机总数为305∶1 600架，航空学校4∶9所，日本军机的年产量高达1 600余架，远高于中国军机的制造效率。与日本航空部队相比，中方明显处于劣势，工业基础薄弱带来的军工产品差值也更明显了。

是我们没有飞机制造厂吗？也不是，从1918年到1920年，中国一共成立了5家飞机制造厂，分别是马尾海军制造厂、广东飞机制造厂、杭州飞机制造厂、南昌飞机制造厂、成都飞机制造厂。不过，就

▲ 1920 年中国第一条民用航线——京沪线京津段开航

▲ 1941 年因中国对德国宣战，欧亚航空公司资产由国民政府交通部接收，1943 年改组为中央航空公司

如一句俗话所说的："起了个大早，却赶了个晚集。"军阀割据，连年混战，各方既无共识，也谈不上长远的规划，一盘散沙，航空材料、发动机等产业形态逐渐落后世界。

1928年国民政府设立军政部，名义上是统一了，不过是纸面上的官样文章，各地军阀心怀鬼胎，为保留自身派系的实力，也保持着航空力量的相对独立，很长一段时期内，中央航空委员会仅能控制位于江浙沪等大江南地区的空中力量。1931年"九一八"事变后，东北航空部队在未作抵抗的情况下，200余架战机和大批航空设施被日军掠夺和侵占，甚至部分飞机还被用于轰炸锦州等东北城市。不甘心做亡国奴的东北飞行员大批逃往关内，辗转至京、宁、沪等地。

由于缺乏制造飞机的工业基础，航空设备都依赖于对外采购，问题就更大。国民政府内部不同派系之间，与英、法、美、德、意等西方工业强国都有千丝万缕的联系。西方国家的供货商，为了推销飞机及器械，往往给予经办高官以巨额回扣。于是，以次充好、重复购买问题就无可避免了。国民政府"四大家族"中的"财政官员"中饱私囊，直接收取差额回扣，或者高额买回二手货，导致航空设备运回国内后无法使用，也不是个别事实。

据相关航空资料，全民族抗战前期，中国曾先后向世界各国购买1 200—1 500架各式飞机，耗资上亿银元，并先后建立了相当规模的飞机制造厂。1934年，南京政府和美国寇蒂斯、道格拉斯两家航空器制造商合作，在杭州笕桥建立了中国第一个全面引进国外生产技术的

▲ 杭州笕桥中央飞机制造厂飞机制造装配车间场景

航空工厂，就是大名鼎鼎的中央杭州飞机制造厂。1935年，这家飞机制造厂先后制造出20架弗利特初级教练机（除发动机、仪表和着陆轮，其余构件均独立生产组装），随后又完成20架道格拉斯侦察机、29架伏尔提轰炸机，并完成钣金加工的造型机器应用。不过，抗战爆发以后，杭州地区处于日军铁蹄的合围状态，杭州飞机制造厂只好先迁武昌、再经汉口进入昆明复厂建设，好钢也难用在刀刃上。

再说上海虹桥航空工厂，1927年在航空处的授意下正式成立。因为上海是远东的最大港口，也是航空器材进口的主要口岸，上海虹桥航空工厂便承担起振兴民族航空产业的重任，起初命名为上海飞机修理厂。然而，南京方面根本拿不出太多的钱来养这个制造工厂，以致上海这家飞机工厂，设备简陋，厂房狭小，显得很是寒酸。建设初期，航空工厂整个厂房仅建造机器间和发动机车间一小栋，开办费用也只有1.5万元。1928年12月，国民政府军政部航空署成立后，正式接管了上海飞机修理厂。1929年2月，随着经费到位，上海航空工厂随即进行对法国高德隆式双翼教练机的仿制工作，仿制机型完成后被命名为“成功1号”，也算是我国最早的国产飞机了。1932年，淞沪抗战爆发，在日军狂轰滥炸的攻击下，上海虹桥航空工厂被日本军机炸毁，上海制造飞机的历史也变成了过眼云烟。

1934年，粤系军阀代表陈济棠派周宝衡等筹建韶关飞机制造厂，次年建成。1937年抗日战争全面爆发，日军大规模兵力向内陆、沿海进攻，飞机制造厂自然危险。1938年10月，迁移至昆明建立新厂，更名为第一飞机制造厂，并于1940年完成新工厂的建设。抗日战争胜利后，人员陆续调离或回乡。1948年底，该厂停产。

1935年，中国和意大利在江西南昌合资建设中意飞机制造厂，这也是国民政府航空委员会第二飞机制造厂的前身。1937年春在南昌建成投产，厂名为中央南昌飞机制造厂。全民族抗战爆发不久，几个车间房屋被敌机炸毁。1938春，工厂搬迁。同年秋在四川省南川县（今重庆市南川区）海孔洞恢复开工。

这4座民国时期建立的航空工厂，本来就处于半殖民地半封建的风雨飘摇社会，没有安稳的生产环境，没有大量优秀的人才梯队，没有完善的航空工业链条辅助生产，也没有雄厚的资金来维持工厂运

▲ 20 世纪 30 年代，“中航”地勤机务人员在检修飞机内无线电收音设备

▲ 20 世纪 40 年代末，与中航共享的泛美航空 DC-4 客机在上海龙华机场

作，如时人有竹枝词记云：“寒暖不殊气候更，去年无雪一冬晴。银雪空作化装舞，太液池波已解冰。”即使工程技术人员与工人再努力，也是难逃“银雪空作化装舞”的落寞命运。

多生鹫子怜天女
——民国空姐

清末民初上海画坛“百美图”风靡一时，有报纸插图，也有画册。如1913年初版的《新新百美图》，沈泊尘作，张丹斧配诗。沈泊尘系著名的漫画家，张丹斧为报人、收藏家。有首诗曰：“鹤背高寒点露华，五云深处御飞车。多生鹫子怜天女，来散千人顶上花。”早期的飞机形状多样，在画家笔下犹如玩具，这首诗把空乘人员比作仙鹤和天女，运用了传统的诗学意象与修辞。

“空姐”是20世纪30年代以后，中国人对于女性空中乘务员的一种俗称。世界民航史上的首次航班出现在1914年元旦，美国佛罗里达州的坦帕与圣彼得斯堡之间开辟了世界上第一个定期航班，用的是“贝诺伊斯特”水上飞机。这架飞机只能载两个人，但这条航线只维持了3个月，总共运送了1 204名乘客。也就是说，从世界首次航班的出现，一直到30年代，在这几十年的时间内，女性空中乘务员这个职业，一直都是处于空缺状态的。

▲ 1930 年，第一家民航公司“中航”成立，可一直到 1937 年才开始招聘首批空姐

据说，1930年，波音航空公司董事史蒂夫·斯廷普森和护士艾伦·丘奇在一次闲聊中，描绘出了“空中乘务员”的雏形：具备一定的护理能力，可以照顾乘客的身体健康；要有温柔细腻

▲ 20 世纪 40 年代，中国女乘务员

▲ 1947 年 9 月，空勤组的女乘务员正在接受培训

的性格，让旅客保持稳定的情绪和愉快的乘坐体验。波音公司决策层一致采纳他们的提议，设置女空乘服务人员，可以将副驾驶从服务员的角色中解脱出来，协助机长，更好地保障飞行安全。

就这样，波音公司的招聘取得了成功，其他航空公司纷纷开始效仿，聘用女性作为空中乘务员就成为航班团队的一部分，女性空中乘务员（Female flight attendants）从那时起一直延续下来，成为备受瞩目的新兴职业。波音航空公司招聘首批空乘人员的要求也是非常苛刻，不仅要求是单身，还必须是一位护士，身体条件也有要求，身高不得超过160厘米，体重不得超过52千克，年龄需在25岁以下。这些条件一摆出去，就刷下了很多人，最终美国航空公司一共只招聘到8位乘务人员，艾伦·丘奇则是她们的领班，她们的工作内容就和现在的空乘一样，打扫卫生，放置行李，为乘客提供酒水饮料，以及安抚乘客在飞行过程当中产生的慌乱情绪等。我们从老照片中，可以看到美国的女性空中乘务员们颜值都非常高，美国人的空乘发展过程中，还走过流行“性感”的一段偏锋，特别是夏天，都是清一色的热裤，配上齐膝长筒靴，弄得女空乘就像女明星似的，出行都备受关注，有钱的富家子弟也以娶女空乘为荣。然而随着时间的推移，“性感”也慢慢没落，取而代之的则是优雅、专业的美，国外许多航空公司也不再特别注重乘务员的年龄和外貌，就算年龄大一些也没关系。

民国时期的第一家民航公司——中国航空公司，飞机上出现女性空中乘务员，是在1938年左右。据1937年《申报》记载欧亚航空公司（中央航空公司的前身）首次招聘女性空中乘务员的条件是：年龄20～25岁之间，体貌端正，身高1.5米～1.7米之间，体重40～59千克，能讲国语、粤语、英语，并能读写中英文字。由于条件的限制，直到1938年1月才有了6名合格的人选，这种条件的女子，当属“靓女佳丽”了。想不到中国首批空姐长得那么好看，中国人称为“空中小姐”，简称“空姐”。

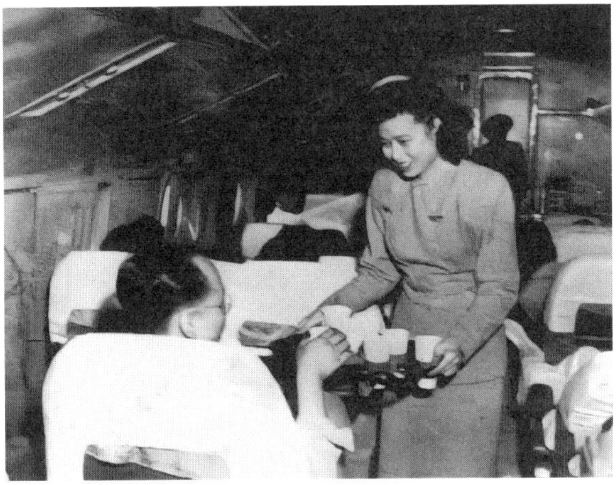

▲ 1948 年，中国航空公司空中小姐服务的情形

▲ 1948 年，民航女乘务员人数达到最高，但也才 20 多人

直到1948年，中航的空姐达到历史最高水平，也才20多人。中航和央航的空姐加起来也不到一百人，空姐工作也算是很正规了，像C—200这样的大型客机安排两名空姐服务，一般的飞机还只安排一名空姐服务。在当时，世界上的整体环境，女性工作者还是处于相对弱势状态，大部分工作岗位都为男性工作者所拥有，且女性工作者的薪水也普遍低于同岗位的男性，工作非常辛苦。据相关资料，这些最早开始承担着开疆拓土责任的空中乘务员们，都只算是兼职，一个月的工资，只有5个大洋。有的看似风光无限的职业背后，也有着难以言说的艰辛。

▲ 1937 年，上海航空协会大楼

千夫万夫皑作堆
——航空协会

1932年日寇在上海挑起了“一·二八”事变，悍然发动对淞沪地区的武装进攻。上海及其周边惨遭日军蹂躏，民居馆舍毁损严重，大批民众流离失所沦为难民。日军集中轰炸闸北车站的同时，还对商务印书馆及东方图书馆进行破坏，导致文化机关与交通设施损失惨重。1932年民国《飞报》第149期记载：“炮火所至，庐舍为越，哀我子遗，尸积关外，血满黄浦，身犯何辜，遭此剪屠？”在民族危机日益加深之际，“航空救国”议题又一次进入公众视野，国内各地民众及世界各地华侨，纷纷创建提倡航空救国的爱国组织。“千夫万夫皑作堆，什什五五鱼贯腮”（元人吕诚竹枝词），变更航空组织、建设航空工厂、设立航空学校……中国航空协会就在这样的背景中成立了。

中国航空协会是在蒋介石授意下发起成立的，筹建时初名中华航空救国会，正式成立后才冠以中国航空协会之名，会址设在上海。协会章程第一章写道：“本会以遵行总理航空救国遗训，合全国民众力量，辅助政府，并倡导国内及侨外民众，发展航空，充实国防，统一民众一切航空事业为宗旨。”1933年元旦在上海成立后，陆续在江西、浙江、福建、湖南、江苏、河南等省成立分会。与此同时，南京国民政府为了捐款需要，1933年5月20日又在南京成立全国航空建设协会。中国航空协会由王晓籁、史量才、王正廷、杜月笙、虞洽卿等21名各界名人任理事，王晓籁任主席。中国航空协会的筹款来源以会员会费为主，为筹募捐款成立了征求队，广泛征召队员、征收会费。征求队长中不乏海上名流，杜月笙、荣宗敬、宋子良、李登辉、董大酉等沪上商、政、学界颇具影响力的人物都在其列。

▲ 20 世纪 30 年代，标记着“中国航空协会”“救国号”飞机照片

▲ 1936 年初竣工，同年 5 月 5 日正式使用的中国航空协会大楼，俗称“飞机楼”

1935年上海大上海计划建设“新上海博物馆”时，让出原属博物馆的十亩土地给中国航空协会建造飞机楼，同年10月12日破土动工，主席王晓籁主持奠基仪式，1936年初大楼竣工，5月5日正式使用。大楼由中国著名建筑师董大酉设计，久泰锦记营造厂以10万元中标承建。大楼平面和立面酷似一架双翼飞机。“机首”部分是一个可容千人的礼堂，屋顶塑立一架飞机模型；“前翼机身”为三层，作办公用房；“尾翼”二层，左右两侧均为该协会的航空陈列室。

从中国航空协会成立的1933年至1936年，中国航空协会与全国航空建设协会合并改组之前，从全国各省及海外募得捐款共计385 370.56元又18镑15先令1便士，又珠玉戒指1枚、金镯2枚，另有未计入此捐款额的捐机活动，其中1936年以蒋介石“祝寿”为名，各省市、各组织及海外华侨筹款购机114架，余款作筹备飞机制造厂之用。根据航空建设协会捐款办法，除硬性规定公职人员捐款外，其他捐款纯属自愿性质，但当时各省、市借“航空救国”之名所收的捐税，名目繁多，花样百出。浙江航空救国会征收的有游艺捐、火车捐、人力车捐、房租临时捐、商店捐、殷户捐、公教人员薪给捐、民众自由捐等；武汉航空救国会规定，武汉三镇抽收房租半个月，由房东、房客各负担一半。各类名目繁多的捐款，原本是一件好事，但做过头，对于广大民众无疑又增加了许多额外的负担，到后来甚至闹得怨声载道，讽刺“航空救国”的文艺作品不时出现。

▲ 民国时期总部设在上海的中国航空协会大楼鸟瞰

▲ 20 世纪 40 年代，民国时期的中国民用航空基地

当时的国民政府，利用广大民众空前高涨的“航空救国”热情，中国航空协会宣称要“集合全国民众力量，辅助政府，努力航空事业”，并在全国各地发行航空奖券，实行募捐。但是在“攘外必先安内”政策前提下，“航空救国”口号下所捐集起来的飞机，并未真正用来抵抗日本帝国主义的侵略，而是用来打内战。1933年2月5日，鲁迅在《申报·自由谈》发表杂文《航空救国三愿》（后收入《伪自由书》），文章一针见血，直指要害，揭露了国民党当局借“航空救国”之名，行大打内战、屠杀人民之实。

中国航空协会飞机楼的建成，成为当时一大社会新闻，市民纷纷前往目睹其风姿。但仅一年后，日军发动“八一三事变”，飞机楼遭严重毁坏。此后中国军队撤往内地，飞机楼也被人们逐渐遗忘。

第六章

物流行业建设与旅游发展

“物流”一词的使用始于1905年，与军事领域的“后勤”一词异曲同工，“后勤”实际上就包含了“物流”的含义，古人云：“兵马未动，粮草先行”，其实就囊括了现代物流概念，尽管是处于萌芽的状态。现代物流思想来源于西方，但在中国，物流有着悠久和深厚的渊源，我国古人的许多运输活动就有着现代物流的萌芽和基因。杜牧的《过华清宫绝句》：“一骑红尘妃子笑，无人知是荔枝来”，描述了唐明皇为杨贵妃从长安到四川涪陵（今重庆市涪陵区）专设驿站，以接力的方式昼夜驰驿运送新鲜荔枝的故事。今天看来，其实就是快递的形式了。

物流并不是只和军事有联系，它更深刻地影响着现代社会的经济、文化发展。在清末民初，物流始终是一个薄弱环节。1872年5月30日，《申报》发表的社论《轮船论》指出：“舟楫之利至轮船为已极矣，大则重洋巨海可以浮游而自如，小则长江内河可以行走而无滞，其运载重物也为至便，其传递紧信也为至速，其护送急客也为至妥且捷。”

随着交通的发展，人类活动的范围越来越大，信息传播也就越来越广。随着资本主义商品经济的发展，商业旅行者的增加，至20世纪初，以美国纽约州“斯塔特勒饭店”的建成为标志，西方旅馆业又进入了“商业旅馆时期”。以“大饭店”和“商业旅馆”为主流的欧美旅馆样式，在其兴起发展的同时，也随着西方殖民者、商人和冒险家的到来，渐次传入日渐开放的中国主要都市、通商口岸，西式旅馆被移植于各通商口岸、外国租界；受其影响，一种不中不西、亦中亦西的中西式旅馆随之出现；而近代铁路的兴筑，轮船航线的开辟，商品经济的日益发展，又为传统的旅馆业注入了新的活力，从铁路沿线到轮船码头，招商客栈可谓星罗棋布，比比皆是。

以中旅社为代表的中国近代旅游业在其产生及其发展过程中，还遭受了来自内部的压迫和外来竞争的挑战。从外来的竞争来看，各外商旅行机构创办早，经验丰富，中旅社等一创办，就受到排挤挑战，但中旅社虚心好学，洋为中用，以精良的服务赢得了声誉，再加上爱国主义思想深入人心，国人都以本土自办的旅行机构为荣，那些趾高气扬的外商旅行社只能甘拜下风，采取合作的态度。

▲ 20 世纪 20 年代，位于黄浦江和苏州河交汇处各国领事馆附近的江岸，满载物资的船正在靠岸

大船小船南北行

——运河物流

中国的大运河有悠久的历史，根据历史地理学家的研究，隋炀帝开凿的运河有两条：一条是从洛阳通往涿郡（今北京）的永济渠，还有一条是从洛阳通往扬州再连接到余杭（今杭州）的通济渠、邗沟和江南河，两条运河中间并不连通。元朝为了在北京建立全国性的首都，解决运粮问题，才修浚利用一部分隋唐以来原有的运河和某些天然河道，又在山东开凿济州河、会通河，在北京、通县（今北京市通州区）间开凿了通惠河，形成了京杭大运河。大运河的形成，并不是像教科书上说的那么简单，实际的情形可能要远远超乎我们的想象。

如今这条全长2 700多千米的大运河，沟通着海河、黄河、淮河、长江、钱塘江五大水系，成为中国古代南北交通的大动脉。京杭大运河是中国古代最伟大的水利工程之一，堪称世界上最长的人工开凿的运河，它的长度是苏伊士运河的16倍；是巴拿马运河的33倍；

北起北京，南至杭州，穿越天津、河北、山东、江苏、浙江等省市。千百年来，它不仅是中国南北涉及国计民生的水上主干线，也对我国南北的政治、经济和文化的发展起到巨大的促进作用。

江南地区以平原为主，河网交织，港汊纷歧，却又“湖河联络”，众多的江河、湖泊、港浦形成了一张稠密的水网。这张水网把江南区域内的各个点，大至省会、府城，小到市镇、村社，紧密地连接在一起。发达的水系为江南在空间地域上的沟通与整合创造了便利条件。元末明初浙江海宁人胡奎有《过浦赋竹枝词·其一》：“通浦灞前春雨晴，大船小船南北行。凭仗篙师一问讯，归帆已到秀州城。”秀州就是今天的浙江省嘉兴市，运河文化最具象的符号就是水、船、桥、人等元素，穿梭大运河上的大船、小船一齐悠然自在地漂移在水面。大运河迤逦穿行、生生不息，构成了独特的江南水乡城镇景观，也积淀了肥沃的土地资源。

▲ 1920 年 11 月，杭州湾附近的钱塘潮是中国一大奇观

▲ 20 世纪 20 年代，海运长足发展态势下的长江船运的船队

在四通八达的江南水网中，处太湖之东的苏州无疑居于要津位置。太湖水由江河入海，支流漫延，贯通江南大地。有人形容太湖是以无锡为其首，以松江为其足，以湖州为其背，而以苏州为其胸。历代行政建制不断加固与强化苏州的地位，又经南北大

▲ 20 世纪 30 年代，从苏州河上摇船到达上海的一位母亲与她的孩子

运河，而与全国各地相连贯。江南地区的另一个重要城市杭州，在北宋时已是民物康阜、人烟浩穰，蔚然而为东南重镇。靖康之时，宋高宗驻跸于此，改称临安，成为南宋都城后，杭州人口逾百万，兴盛一时，可以称得上是当时世界上最繁华的城市之一。

与苏、杭等繁华都会相比，开埠之前的上海，不过是东南小县，僻处海隅，在江南城市中扮演的是“小苏州”的角色。其缘由，一方面与明清以来统治者长期实行的“海禁”和闭关锁国政策有关；另一方面也因整个江南的交通与商业网络以运河为中心，运河承担了这一区域大部分的物流。然而，上海具有滨江临海的特点，这种地理上的优势又预示着上海有着更多的发展潜力。这种潜力在上海通商以前已有所显露。清康熙朝以后沿海的“开禁”，作为江海交汇的港口城市，上海的商业贸易有了一定发展，到嘉庆年间所修的县志中用“江海之通津，东南之都会”来表示上海因港兴市、商贸发达的事实。上海作为沿海港口，另外具有的一种意义：当运河上的漕运一旦发生问题，它可以起到一定的“弥补”作用。清道光初年，南北大运河一度淤塞，河运漕粮陷入瘫痪状态，从而影响到京师及北方地区的货物供应。道光五年（1825），陶澍负责筹划漕粮海运事宜。道光六年，清廷设海运总局于上海，雇佣沙船千艘，三不像船数十艘，分两次装载苏省漕粮160万余石至京城。

19世纪中叶，太平天国起事冲击江南，加速了运河沿岸城市苏、杭一带的衰落。在这一过程中，江南区域内大量人口、资金以超常速度涌向上海，促使上海的城市规模迅速扩大。近代上海城市的形成就是从出口江南地区的大量物流起步的。在滚滚的物流后面，挟裹着大量人流、信息流和财富流。这时候的上海，已是一个开放的通商口岸，一座新兴的海港城市正在展现它不可限量的前程。

▲ 1938 年的苏州，一艘满载货物的运输船正在沿河民居的水巷穿行

直挂云帆济沧海

——海丝之路

古代中国的丝绸除通过横贯大陆的陆上交通运输线——丝绸之路，大量运往中亚、西亚和非洲、欧洲国家之外，还有大量货物与商品通过海上交通线源源不断地销往世界各国。因此，在德国地理学家李希霍芬将横贯东西的陆上交通路线命名为丝绸之路后，有的学者又进而加以引申，称东西方的海上交通路线为“海上丝绸之路”。后来，中国出产的精美陶瓷商品，也经由这条海上交通路线销往世界各

国，西方的香药也通过这条路线输入中国，一些学者因此也有称这条海上交通路线为“陶瓷之路”或“香瓷之路”。

浙江的宁波港，宁波古称“明州”，唐宋年间，这里是与日本等国交流的主要港口，中国大陆和日本列岛、朝鲜半岛的交流，中国大批移民由此出发，利用海流和季风渡海来到日本，他们带去了先进的生产工具和技术，推动了日本社会的发展。从两千多年有文字记载的历史来看，这种文化交流十分密切，而且绵延不断。江南民间的海上丝绸贸易，在唐宋时期作为商品外传，已由陆路转向海路，以市舶贸易为主；并且作为朝廷财政经济上的一项大宗收入。市舶贸易和各路榷酒务的设立，对宋代财政收入起了很大作用。

元代之后，尤其是明清时代，海上丝绸之路空前发展，其方式已不像前一时期只是采取消极的招邀和奖励外商来华进行贸易，而是主动地派高级官员，率船队往海外各国访问，并以丝绸、瓷器等为主，进行贸易交换。民间海商参与海外贸易空前活跃，发展到吕宋（今菲律宾）乃至拉丁美洲进行丝绸贸易。郑和率船队七下西洋，标志着海上丝绸之路的极盛。这时丝绸贸易已经和政治、军事、外交、经济以及和各国的友好往来、文化交流交织在一起，规模之大、范围之广和影响之深都是空前的。湖州丝商徐荣村携“辑里丝”曾经参加1851

▲ 19 世纪 80 年代，南京秦淮河畔酒楼茶坊吸引着中外商贾近悦远来

▲ 自古以来宁波港是我国的海港、军港和造船中心之一。图为开埠后的宁波港

年首届世博会，中国人把七里村所产生丝品的名称，称之为“辑里丝”，而英国人则干脆把它叫作“Shanghai silk”，也就是“上海丝”。

舟山是海上丝绸之路东海航线的重要节点和枢纽，源源不断地传递着中国的优秀文化，其中玉石文化、丝绸文化、陶瓷文化、茶叶文化、佛教文化顺着东海航线在东亚、东北亚影响广泛，很负盛名，可以说对东亚文化圈的形成产生了一定的作用。清光绪三年（1877），温州海关正式开埠运行。温州港陆续开通与宁波、福州、厦门、汕头等沿海港口，南通、镇江等长江沿岸港口，以及日本、新加坡、马来西亚、印度尼西亚等国家和中国香港、台湾地区的航线等。轮船往来频繁、内河外海俱相连通，温州港的经济腹地逐步扩大，物资运送也更加便捷。当时，温州城内流传着这样一首竹枝词：“鹅眼青蚨错杂行，利权从此判虚盈。无端番饼分三品，圆法何由适重轻。”“青蚨”“鹅眼”都是钱名，用惯传统制钱的温州人，一下子看到了洋钱在温州流通，就要仔细掂量洋钱与铜钱的真假与价值量了，这显然是在海外贸易背景下才会出现的社会现象。

江南地区一直以来枕江傍海，物饶民丰，港口星罗棋布。自唐宋以来就成为海上丝绸之路的重要出发点、物资集散地和归舶地。扬州、吴江、常熟、江阴、张家港、太仓、上海、宁波、舟山、温州、台州……这些城市也很自然地成为海上丝绸之路的出发地或重要节点。浩瀚的大海成为巨大的纽带，见证着海上丝绸之路的繁盛之景。在有宋一代，因为港口贸易而繁荣，即使是不靠海的杭州，也成为海上丝绸之路和文化交流的窗口，宽阔的杭州湾成为中国对外贸易的通道。京杭大运河打通了杭州内外水运的“任督二脉”：向北，大运河串联起江南与中原；向东，浙东运河连接起杭州与明州（今宁波）；向南，又借助仙霞古道等通道，将泉州港纳入水陆转运体系。杭州从三个方向串联起了内河航运与海上贸易，这就让杭州成为众多市舶司港口城市中最为独特也无可取代的存在。

▲ 1900 年江南海上贸易运输木材的海船

当年玄奘西行求法、鉴真东渡日本、郑和七

▲ 20 世纪 30 年代，扬州江都县城商店街口，已出现电线等现代化电气设备

▲ 20 世纪 30 年代，扬州江都县城福运门与古运河

下西洋……文化交流让中华文明的独特魅力绽放于全世界。对外贸易与文化交流，其本身所带来的最重要的成果是文明的传播。

缸尖渚上四无凭

——仓储堆栈

古代运输系统离不开转运储藏的地方，古代叫“邸店”，所谓“邸”，《唐律疏议》云：“邸店者，居物之处为邸，沽卖之所为店。”此类邸店是专为他人储藏、保管货物的商业营业活动。它既具备商品寄存功能，又兼备旅店功能。然而，由于当时经济条件的限制，邸店规模较小。宋代称为“塌房”，又叫“塌坊”，是存放商旅货物的场所，设有专门存放货物的仓库，有的还设有马厩和存放车辆的地方。塌房大多分布在水陆交通要道以及都市之中。塌房的出现是城市经济发展的产物。《东京梦华录》卷二载：旧宋门附近的“十三间楼”便是自后周以来一直开设着的规模最大的塌房。

▲ 清末上海码头洋米堆栈

▲ 20 世纪初上海十六铺的王家码头公共码头

▲ 民国上海明信片“上海货船码头”

宋初宰相赵普在东京（今河南开封）留下了“广第宅、营邸店、夺民利”的文字记载。宋代耐得翁《都城纪胜》和吴自牧《梦粱录》对南宋都城杭州的塌房的记载，两者所记内容相同而详略有异。南宋时期，除塌房外，还有一种与塌房功能相似，开设在水运码头或集市附近的简易堆货栈，称为“廊”，专供怕日晒雨淋的商品堆放的栈房和堆垛场，就是露天货栈。塌坊与堆垛场，或按日或按月收取租费，时称“巡廊钱”。随着社会分工和商品交换的不断扩大，到明代“塌房”作为专门储存商品的场所仍然有沿用，但至清代就逐渐废除了。清末带有企业性质的商业仓库从邸店、塌房中分离出来，成为最初具有现代意义的商业仓库。

1840年鸦片战争后，随着帝国主义的侵入，中国沦为半封建半殖民地社会，由于开埠通商，海上运输的发展，使我国商业活动的范围和方式发生变化，从而使商业仓库也有一定的发展。当时商业仓库叫作“堆栈”，指堆存和保管物品的场地和设备。无锡是明清以来著名的米市，1862年后，李鸿章大力推广海运，倡议雇用招商局轮船运输官粮，于是江西、湖南、湖北各省就在上海采购官粮，委托招商局通过海运输往北京。上海本地不能供应这么多粮食，所以南市一些较大的米行如源益、惠兴、平安都纷纷派人到无锡采办。到1888年，清政府将浙江各州府的官粮拨到上海、无锡两地采购，又指定江苏各县的官粮集中到无锡转运。这样，无锡每年供应漕米多达100多万石，各粮行真是车水马龙、熙熙攘攘一派兴旺景象。光绪末年无锡米行已达140户，分8个地区，北有北塘口，北塘三里桥外黄泥桥；南有伯

▲ 1937 年上海闸北江苏银行第一仓库

渎地区，南上塘黄泥绛；西有西塘；东门外因没有水路，所以没有米行。而北塘三里桥这两条街道长不过二三里，却集中了大小粮行80余家，两条街之间的蓉湖茶楼渐渐成为米稻的贸易中心。米市粮行的兴盛，就催生着堆栈业的发达。乾隆、嘉庆年间，堆栈已发展到可储存数十万石粮食的规模，光绪年间更加兴旺。

近代，无锡米市主要在北塘。从北塘大街至黄埠墩一线，布满米行。而运河对岸的蓉湖庄地块建起了大片堆栈与工厂。与米行一样，都是因为水运装卸方便而设。在蓉湖庄里面又有多条河浜，也可通往运河，因此，在沿运河地块用尽后，沿河浜的地块也被征用。蓉湖庄成为无锡粮食堆栈与粮食工业的重地。无锡还有一个地方叫“江尖渚”，是缸甏堆栈，大概是四面环水的缘故，说是有个孝子到江尖渚找娘，一路走，一路喊，急得团团转，于是就有了“江尖渚上团团转”的说法。民国学者周贻白1946年为此还写过一首《竹枝词》：“隔水喊娘娘不应，缸尖渚上四无凭。劝君莫笑团团转，孝子寻亲血泪凝。”据说，清末李鸿章去美国考察，在摩天大楼玻璃转门中转了一圈仍出不来，不由自言自语地说：“这倒像无锡江尖渚上团团转了。”

民国时的堆栈业，按其业务性质和主要服务对象来分，有码头堆栈、铁路堆栈、保管堆栈、厂号堆栈、金融堆栈和海关堆栈等6类。上海著名的四行仓库就是一个堆栈和仓储之地，1922年7月，大陆银行加入到原盐业银行、金城银行、中南银行三家银行组成的联营机构，1935年四行储蓄会于苏州河北岸光复路21号建成“四行信托部上海分部仓库”，以堆放银行客户的抵押品和货物等，即“四行仓库”。1937年淞沪会战中的四行仓库保卫战轰动世界，彰显了中华民族不屈抗争之精神，承载着上海军民悲壮的抗战记忆。

▲ 1937 年上海外滩公共码头第七十一号甲旁边的商贩与人群

▲ 清末上海港码头工人在搬卸木船上的粮食

因兹力役无朝暮

——装卸苦力

元代王恽《竹枝词十二首》，其中有“干当江南有许多，往还冠盖似撺梭。因兹力役无朝暮，欸乃翻成懊恼歌”的描写，所谓“力役”，就是一无所有，完全靠出卖体力谋生的力夫、苦力，记录的是运河苦力的艰辛状，作者表达了对他们的怜惜和无力改变世态的无奈。清康熙年间，上海及江南周边市镇之河港码头就有一大批专靠为往来船商扛抬货物而谋生的苦力，到民国时期，随着通商开埠及海运物流运输业的兴盛，也造就了码头工人队伍的壮大。

虽然有的外商码头安装了起重机，但也只是为招揽生意的广告噱头而已，因为对他们来说，雇用码头工人的成本要比使用机械合算得多，与其使用机械，不如奴役工人。码头工人的劳动强度之高，劳动条件之差，令人难以想像，即使到了20世纪40年代末，许多码头上的装卸操作仍然处于原始状态，装卸工具简陋不堪，除了跳板、箩筐和少数人力板车、手推车外，主要就靠扛棒和绳子。码头上虽有扛运、肩运、轮装、堆装等分工，但无论哪一个工种，也不论装卸什么货物，不外乎用双手搬、用肩膀扛，全部用人力操作。所以长期以来，港口码头上主要使用人力装卸的生产方式几乎没有什么改变。

据乾隆《上海县志》所记："邑之肩挑脚夫、箩杠，推强有力者为脚头，余夫受其统辖，俱听指使。""箩杠"和"脚夫"即是码头工人的前身，而"脚头"则是封建把头之起源，约似民国时期码头上的包工头，有人的地方就有江湖，就会有三六九等的差别。码头工人队伍的情况也是千差万别，或来自失去土地的农民，或是因饥荒兵灾而流亡他乡的农民，或来自因经济破产倒闭而形成的失业者，或是生活无着到处乞讨的难民……来到码头打活，靠力气吃饭谋生，随着码头业务逐渐增多，社会上的各种势力也会将触角伸向码头，强占地盘，争夺码头利益，各种社会把头、黑帮老大、地痞流氓，纷纷"抢码头"，垄断特定区域或范围，再雇请苦力来完成。"凡码头各店粮食油酒及航报等船，一切钱货、民间婚丧、舆轿等项，俱系箩夫承值；各洋行内烟糖棉花等货，悉归扛夫扛抬，久经详明有案"，然则各码头划地、分帮，实行的是丛林法则，拳头加势力

▲ 清末上海码头工人向海外货轮上搬运银锭的情形

▲ 节俭的码头工人自己动手补衣服

▲ 1948 年 12 月，上海沙逊大厦背景下码头工人背负着沉重的箱子在装卸货物

▲ 1948 年 3 月外滩，正在装卸美国棉花的码头工人

解决问题，因而各帮派和团体之间，因利益而发生争斗、火并，乃至引发群体械斗则是屡见不鲜的。为此上海县衙不得不专门设牌告示，规定各码头之分工、界址以及力资标准。此外明确了不同工种工作划分："箩夫"专门从事内贸船货物之装卸搬运；"扛夫"专门从事外贸船货物之装卸搬运，逐渐形成了一套码头行帮体系。

上海通商之后，贸易量激增，越来越多的外国商船频频进出上海港，货物吞吐量亦成倍骤增。外轮货物需要大批重劳动力装卸，但因轮船到达时间不固定，长期雇用工人不合算，加之时令季节等各种因素，人工、运费差别甚大，结算起来颇为繁琐。外商既需随时招徕足够的工人提高生产效率，又想避免管理结算之麻烦，他们为了降低生产成本，避免与工人发生直接联系，于是通过"买办、包工头"承包装卸业务，再由大小包工头自己去招雇工人工作。包工头倚仗权势，利用贿买伎俩把持装卸业务，他们一方面勾结军阀、官僚、大地主，一方面依附青、洪帮等帮会组织巩固其地位与势力，从而在码头上形成了上、下两层的统治结构。居于幕后操纵的地方军阀、官僚、政客、党棍、特务等寄生吸血，提供保护势力；大佬、流氓、打手之流直接压迫、控制工人，则是下层，上下通同，盘根错节，狼狈为奸，构成关系复杂的码头控制网和层层剥削的食物链。

可怜的码头苦力，成天肩挑背扛，在货栈、仓库、堆场过跳板上船，每天起早贪黑卖苦力挣得的几个血汗钱，还要受到包工头的层层盘剥，有的行帮还巧立名目，收缴入帮费、应差费、王爷会费、调解费、送礼金等名目繁多的费用。后期，还要承担壮丁费、慰劳捐、寒衣捐、码头捐、抗日公债等五花八门的苛捐杂税。七扣八折，真正到工人手中的工钱已是所剩无几了。

旅馆寒灯独不眠

——客栈旅舍

旅馆在古代中国又被称为“逆旅”“客舍”“客馆”“客店”“邸店”“邸舍”等，它有着悠久的历史。古代客栈旅舍主要有官办与民营两种形式：古代统治者为保持信息畅通，有效地实施统治，驿传制度应运而生，也出现了为信使提供住宿的设施——驿站。

驿站设立始于商代，《周礼·地官·司徒》记载西周时，“凡宾

▲ 1909 年苏南地区传统的民间旅舍

▲ 20 世纪 30 年代，宁波鄞县电话局附近，三名电话局女职员推着自行车，在一座亭子前合影

客、会同、师役，掌其道路之委积。凡国野之道，十里有庐，庐有饮食；三十里有宿，宿有路室，路室有委；五十里有市，市有候馆，候馆有积”，可见已经出现了专门负责食宿的设施，以方便驿道上来往的过客。从商代中期到清光绪二十二年（1896），驿站长存三千余年，这是中国最古老的旅馆。

至于民营的客栈，很可能要早于官办的驿站和迎宾馆舍。社会各地区之间出现商品交换，存在商人的往来，就有为客商提供食宿服务的客栈。《晋书·潘岳传》引用《论语》曰：“许由辞帝尧之命，而舍于逆旅。”可见战国时期，由于农业、手工业和商业的发展，城市功能不断衍变，民间旅店逐渐进入城市。南朝诗人谢灵运《游南亭》中有句：“久痗昏垫苦，旅馆眺郊歧”，用大白话来说，就是霖雨不息厌倦不止，身在旅馆眺望郊外。说明南朝时，已经出现了“旅馆”一词。唐朝的大量诗作中不断出现关于“旅馆”的描述，如唐高適《除夜作》：“旅馆寒灯独不眠，客心何事转凄然？故乡今夜思千里，霜鬓明朝又一年。”旅馆里透着凄冷的灯光，映照着那孤独的迟

▲ 1924 年南京江南旅社附近

▲ 20 世纪 40 年代，上海兴发旅馆，为过往客人提供住宿服务

迟不能入眠的客人。这孤独的旅人是为了什么事情而倍感凄然？

北宋时期，商品流通频繁，坊市制度被取消，当时整个社会对经营客栈旅馆的热度超过了以往任何一个朝代，王公贵族、知识分子、宗教人士乃至普通庶民都纷纷加入到经营旅馆的洪流中，出现了大量类似于“同文馆”“大同馆”的私人旅馆。这些民营的客店，可以说是现代意义上的饭店的雏形。

当然，作为礼仪之邦的中国，历朝历代官方都开办为各国使者提供食宿的旅舍服务。只是名称不一而已，从历史文献资料记载来看，如春秋战国时期的“诸侯馆”和“使舍”、西汉时期的“馆驿”、南北朝时期的“四夷馆”、唐宋时期的“四方馆”、元代的“会同馆”等，“迎宾馆”一词则清代最为常用。

清末民初，随着铁路的不断兴筑，航运线路的开辟延伸，水陆道上行旅繁忙，社会运行的节奏已经是前代社会所不可比拟，民众出门远行，经商的、贩货的、出外揽活的、探亲的、考试的，熙熙攘攘，络绎不绝，给中国传统客栈旅馆业的发展带来了生机。设于火车站、轮船码头近旁的客栈往往都打着招商或通商的招牌，招徕生意。据抗日战争前铁道部联运处所编《旅行指南》统计，全国各铁路沿线的招商客栈有千余家。从其分布情况来看，铁路京沪线江南各站为61家，津浦线临城至下关各站为58家，广九线广州至九江、南浔线南昌至九江、浙赣铁路钱塘江至玉山共为76家，而在已开辟的沿海、内河各航线的轮船码头上，此种客栈的数量亦相当可观。

▲ 20 世纪 20 年代，上海中式旅馆的内部装饰

民营的客栈旅舍较多地保留了传统客店的规模、陈设和经营方式，尤其是在内地城镇小站和码头，与传统客店并无二致。其客房按房间大小、设备优劣等条件，分为上等、中等、下等或一等、二等、三等、四等。因不向旅客供应饭菜，又被称为“干店”。客人用餐，须到附近饭店或请茶房（即服务员）代买。民间旅馆的经营者也实行了极为完善有效的防火、防盗的安全制度，通过征收保管费用、派使壮丁夜间巡逻警戒以保住店客人的人、财、物之安全。

古代宾至如归的服务理念历史悠久，最早在《左传·襄公三十一年》中就这样描述道：“宾至如归，无宁灾患，不畏寇盗，而亦不患燥湿。”客人到此，好像回到自己家里一样。这种服务理念，固定下来并且能够延续两千余年，是因为其根植于中华民族文化的土壤中，带有深厚的历史渊源。

留行中华佳客到

——西式旅馆

19世纪中叶，世界上第一家采取公司体制的名为“大饭店”的大型旅馆在法国巴黎建成，此后，以“大饭店”为名的高级旅馆纷纷出现，欧美旅馆业进入以“顾客总是对的”的“大饭店时期”。西式旅馆主要是为了满足来华的外国政客、商人、殖民者下榻之需而建造，投资主体及经营者本身就是西方人士，因而主要建造在中国的政治中心和重要的通商口岸，尤其是外国人聚居的租界之内。政治中心如清末及民国年间的都城北京、南京，最重要的通商口岸如上海、广州、天津、汉口等地，在江南尤以建造在上海的西式旅馆数量最多，20世纪30年代有人估计，当时中国西式旅馆客容量大致不超过两千人，而上海就占了一半。

上海的西式旅馆，著名的有礼查饭店、汇中饭店、大华饭店、华懋饭店、都城饭店等。上海作为通商口岸刚开埠时，英国商人彼得·菲利克斯·理查兹是最早来沪居住的外国人之一。1846年，他在外

▲ 1903 年汇中洋行买下位于外滩南京路街角的中央饭店，1906 年在原址推倒 3 层老楼，建造了一栋 6 层新楼，改名汇中饭店

滩创建了“礼查饭店”。1857年，理查兹在韦尔斯桥（外白渡桥前身）北堍购地建造外廊式西式饭店，并于1860年将礼查饭店从原址迁入这里，此后几经易手。1876年饭店扩建后，成为居住在上海的外国人社交活动中心。随后经过1903年、1910年和1920年的改建、重建、增建，面目大变。

1879年5月17日，美国连任两届的前总统、陆军上将格兰特来上海访问，抵沪后下榻在礼查饭店410房间，同年5月23日赴天津会见清朝大臣李鸿章。美国前总统访问上海的新闻，引起了巨大轰动。其后，国际上的知名政要、科学巨子、艺坛影星访问上海一般都入住礼查饭店，并在饭店接受记者采访和上海社团的宴请招待。当时，不独外国人，就是中国人也喜爱礼查饭店。1919年5月8日，上海滩著名学人与出版家张元济接待法国汉学家伯希和，就是在礼查饭店共进晚餐……礼查饭店因名流入住的故事，披上了一层神秘而高贵的面纱，使其更加具有吸引力，遂成为上海的一道美丽风景，它是外国人在上海住宿的首选，是西侨举办活动的中心，是传播东西方文明交流的一个窗口，也是上海的一个地标性建筑。

西式旅馆建筑规模宏大，大都是三层以上的洋楼，外表装饰华丽，楼顶多辟有花园，可供客人小憩和观赏市容，内部有客房、餐厅、酒吧间、舞池、球房、理发室、会客室和对外营业的小卖部等，室内装有电话、电灯、暖气设备，卫生间供有冷热水，上下楼有电梯。客房分等经营，按质论价。初期餐厅主要向旅客供应西餐，有法国菜、德国菜、英美菜、俄国菜等，后来旅馆老板见外来旅客喜欢中国菜的

▲ 1933 年从都城饭店走廊远眺江海关钟楼

▲ 国际饭店——老上海的标志性建筑

▲ 1937 年 8 月，坐落在黄浦江与苏州河交汇处的上海礼查饭店，是 19 世纪和 20 世纪上半叶上海的主要外资旅馆之一

特色风味，大都又增设中国餐厅。

上海作为全国受西方文化影响较大的城市，其所设中西式旅馆，西化的程度也最高，有的馆舍几乎都是西式旅馆的翻版。礼查饭店的顶层大餐厅（孔雀大厅）十分宽敞豪华，可容纳500人就餐或跳舞。1872年《申报》刊登《沪北竹枝词》：“牛酥羊酪作常餐，卷饼包粦日曝干。留行中华佳客到，快呼请上水晶盘。银刀锋利割鲜来，脯脍纷罗盛宴排。传语新厨添大菜，当筵一割已推开。”晚上，交响乐队在此演奏，穿得衣冠楚楚的客人来此进餐，在此可以看到这个租界大部分外国头面人物。礼查饭店的问世，具有示范意义，带动了上海租界旅馆业和娱乐业的发展。随着沿海沿江各通商口岸的开辟，租界的次第设立，来华的外国商人、政客、冒险家愈来愈多，中国与世界

▲ 20 世纪 30 年代，和平饭店的西式餐厅

各地的联系日益广泛，中国旅馆业出现了新的变化，属于西方行旅文化范畴的西式旅馆大量出现；受其影响，一种不中不西、亦中亦西的中西式旅馆随之大量涌现。

风柳风蒲绿涨天

——郊游远足

人有接触自然的天性，住在城里日子一长，总想到郊区走一走，呼吸一下大自然的清新空气。清末民初，虽然还没有“旅游”的概念，春游或谓郊游，必定是到郊外去活动，清明节前后上坟扫墓，还要沿袭一个很有诗意的“踏青”的说法，到绿色的田野里，到松软的泥土地里，到田埂山径去走一走。极目远眺，看看那澄净的蓝天白云，看看那生机勃勃的原野，敞开胸怀，尽情呼吸春日新鲜湿润的空气，也许会把平日的浊气俗愿洗涤一番。这令人心醉的郊游和踏青是中国人历来的传统，也是一般百姓惯常的生活习俗。

清代扬州八怪之一的金农，《泛萧家》一诗云：“回汀曲渚暖生烟，风柳风蒲绿涨天。我是钓师人识否，白鸥前导在春船”，描绘的汀渚、烟霭、柳蒲等景色，为郊游远足者呈现出一幅充满诗意和美感的画面，让人仿佛身临其境，感受到大自然的美好与宁静。在郊游远足中，人们远离城市的喧嚣和日常的纷扰，尽情享受大自然的恩赐，就像诗人在船上享受着白鸥相伴的悠闲时光一样，获得内心的宁静与愉悦。

1924年春，南社著名诗人、风俗学家胡朴安与友人一起游览闵行镇。闵行镇，历来有上海县首镇之誉，名闻遐迩。胡朴安归来后曾作《游闵行·用渊明游斜川韵》：“暮春天气佳，退食方自休。良朋偶相约，来作闵行游。飙轮转直道，麦浪泛如流。古市枕歇浦，远帆浮白鸥。园林新结构，叠石亦成丘。兹游信足乐，况有素心俦。春韭初入馔，引杯更献酬。方兹扰攘中，谁复有此不。得闲即是福，入世徒为忧。百年归大觉，得失何所求。”他将游览闵行的体验以及对于闵行风物描绘得很是生动，让人读来大开眼界。

清末民初的学者不全是整天躲在书斋里的酸秀才。他们常常外出，特别是春季，人间四月天，外出踏青、赏景，进行一些体验式的郊游，放飞一下心情，是他们喜爱的活动。对这种方式，当时有一个从日本传过来的新词，叫“远足”，在新式学堂里特别时兴。师生们都很重视进行有计划的集体户外郊游或者称“游学”，人称“远足

▲ 20 世纪 20 年代，自行车在上海兴起后，女子骑自行车郊游一时成为时尚

会”，差不多与中国古代读书人从游、登山临水的文化基因是一脉相承的。

1919年，后来成为国学大师的钱穆正担任一所初级小学的校长，他在教学中将郊游与学生的写作课结合起来，“作文课亦令生活化，令诸生皆不啻如自其口出”，是很具深意的一种教学创新。这种方式，显然也受到清末以来新式学堂“远足会”教学方式的影响，组织师生远足，步行远游，或凭吊古迹，或采访实物，借以扩展心胸、锻炼体格、增长见识。“远足会”注重校外现地教学，教师指导学生考察社会实况和自然现象，采集动植矿物标本，绘图写生、即景写作或归来撰写“远足记”，从而达到具有通识意味的直观教育效果。

▲ 20 世纪 30 年代，在上海的外国女子骑自行车郊游

▲ 1930 年，嘉定陈翰青全家在秋霞圃郊游时的合影

▲ 1942 年江南的乡间土路

中国教育家、社会活动家黄炎培早年主政浦东中学，他也积极推行学校师生的远足旅游教学活动，如浦东中学的“远足会”，师生一律穿校服，布鞋草帽，在旅途之前和行进途中，教职员还会交替进行演讲，让学生了解上海及周边江南之地域形势大略，或者“讲徐家汇七宝泗泾故事”，颇有游学的兴味。《浦东中学校杂志》的《大事记》记载：1908年，“四月初五日，职员率生徒远足至徐家汇，游李文忠祠，观邮传部立高等实业学堂运动

▲ 20 世纪 40 年代的一个初春，走在江南乡间小路上的母子俩

会，游博物院，观土山湾贫儿工艺所……八月十五日，职员率生徒于松江、青浦间远足。”博物院、天文台、工艺所等处的参观，自然会给学童留下很深的印象，甚至会成为他们以后走上科研、实业等道路的触媒。就个体学生而言，也会在远足行程中把新的见闻和既有的知识储备进行整合印证。黄炎培对此次“修学旅行”作出了归纳，认为“远足会”产生了“天地大讲堂”的积极作用。

黄炎培还在《远足之趣旨》一文中总结了“远足会”的十二条“效益”：一、旅行最适于少年活泼之天性。二、整队徐行，于体育上得自然之发达。三、观山川之壮丽，物产之美富，最易激起爱国心与爱乡心。四、备尝风雨险阻、艰难困乏之况味，为习劳耐苦之唯一善法。五、师弟同行，苦乐与共，善激起其爱校、敬师、爱群种种观念。六、计程而进，必达目的地然后已，易养成坚忍强毅之概。七、多吸新鲜空气，大有益于卫生。八、可获无限之见闻，以广其心境。九、行于野，观渔樵农牧勤苦之状态，可以知生计之艰难。十、所至观古人遗迹，教师演讲轶事，易发生崇拜英雄之观念。十一、采集标本，随地研究，于理科上扩无限之知识。十二、服食器用完全准备，养成独立自治之精神与绵密之思想。这些见解，就是放到今天，对改进学校的教学质量还是不无借鉴的。

曾是星期结伴游

——旅行社起

百年前的中国，也许没有大规模的“全民旅游”，也没有“说走就走”的快捷与便利，然而，进入民国之后，比之晚清，旅行阶层的构成发生了变化，平民阶层也日益成为旅行的重要力量。许多仁人志士远游海外，放开眼界看世界；一些先进的中国人通过各种途径到海外各国旅行，感受西洋文化，求新求变的渴望，汇成一股澎湃的潮流，人们对扑面而来的新的旅游观念、旅游方式和旅游工具都有了一些新的前所未有的认知。

中国旅行社的创办，可以说开启了中国近代旅游的大门，颠覆了传统中国人对旅游的认知，改变了“民国无旅游”的局面。外商在华旅行社分支机构，业务范围包括代办国际联运票、安排食宿诸方面，提供了物质方面的保障，也在客观上成为旅游的推动力量，外出旅行者逐渐增多，图方便者往往光顾这些服务机构，但不可否认的是，国人进入这些外商开设的旅行社，时常会遭到冷遇，国人因无自办的旅行社只得忍气吞声。

1923年春，上海商业储蓄银行总经理陈光甫出差香港，在一家英商旅行社购买船票时受到冷落，忍不住同洋商争执起来，对方竟以“你不满意，你们中国人何不自办一个旅行社”作答。陈光甫早年曾

▲ 山水游玩历来为人们所崇尚。20 世纪 30 年代，上海一旅行团成员在瀑布前合影留念

留学美国，熟悉西方文化，又具有“实业救国”“教育救国”思想，他回沪后即在上海商业储蓄银行内筹设旅行部，向北洋政府交通部提出开设旅行部和代售铁路客票请求，此案虽在全国铁路联运会上遭到身居高职的众多外国洋员的反对，但还是得到了交通总长叶恭绰等国内大员的支持而获通过。1923年8月，国人自办的首家旅行服务部终于在上海设立，由该银行总经理陈光甫主持，当时上海商业储蓄银行位于上海宁波路9号。1924年1月，随着旅行业务逐渐发展，旅行部从行内迁出，迁至四川路420号。

中国第一家旅行服务部的设立，是一个破天荒的举动。有个叫王公玙的青年学生，路过江苏海州时，兴奋地写下一首竹枝词：“曾是星期结伴游，杨家园共谢家楼。归途水汲双龙井，好沏香茶上自修”，吐露了青年学子对旅游事业兴起的一种欢欣心情。1927年6月1日，中国旅行社正式挂牌成立，由朱成章任首任社长，在与洋商的竞争中站稳了脚跟，并逐渐扭亏为盈，仅1936年即盈利60万元。

“服务社会”的理念，处处为游客着想，是中旅社取得成功的不二法门，旅游和旅行，看起来一字之差，其实，“旅行”，是指人类

▲ 中国旅行社的诞生地——上海宁波路 50 号上海商业储蓄银行新大厦

▲ 中国旅行社创办的《旅行杂志》封面

▲ 1930 年全国步行团出发前全体摄影纪念

▲ 20 世纪 40 年代，南京长江一带航船上，两名旗袍女子与外国友人旅游合影

在空间上从一个地方到另一个地方的行进过程，目的广泛，包括为就业、商贸、求学而产生的旅行等；“旅游”则是指人们出于消遣性目的而离家外出的活动，包含了游览、观光、娱乐等。20世纪30年代以来，在外来文化影响下，国人对于旅行和旅游的行旅文化、生活方式和消费观念的认知，也出现了新变化，人们更重视外出旅游观光的感受，一般国民出游的越来越多，但他们的经济条件有限，住不起高档宾馆，中国旅行社决定建一种叫“招待所”的普通宾馆，满足普通客人的需求。这就是我们所熟悉的招待所的由来。他们把握了时代的脉搏，为中国旅游业的兴起，起到了推波助澜甚或示范教育的作用。

邀伴同游土地堂

——郊游风气

长江三角洲是一片鱼米之乡，晚清及至民国，生活在古镇里的民众，他们是不讲究什么旅游观光的，查考这方面的资料很难，原因就是“不识江南真面目，只缘身在水乡中”。长途电话在20世纪20年

▲ 1927年，游客在嘉定孔庙棂星门前留影

代就已经遍及江南各城镇，大部分的古镇在30年代，就开始用上了电灯，难怪古人将苏杭比作人间天堂，富庶而秀美的江南是令人称羡的。

杭州，因西湖得名；苏州，以园林享誉。沪苏杭下辖的各个古镇，听不到人声鼎沸，看不到车马熙攘，安静得像一个避世之所，行走在雨后的青石板路上，丝丝清凉沁人心脾。因为古镇没有太多的商业氛围，民居让这里非常有生活气息，而河上留下的唐宋遗迹，明清故事，古代建筑等，更是古镇悠长历史的见证。因为远离城市的喧嚣，所以就显得非常安静，从晚清到民国，古镇上的商人、市民、伙计、香客，各色人等，大致保持着生活的常规，一年四季，按照节序生活，忙碌不停。从外在表现来看，江南城镇的生活似乎风光华美，社会有序，生活安逸，给人一种富足安逸的感受。例如，南浔古镇有一首山歌，生动地描画了南浔镇居民一年四季的日常生活景象：

“正月梅花报立春，南浔好似小南京。盐商典当行行有，单少戏馆女堂名。二月杏花白如银，垂虹桥对分水墩。官塘大路真闹热，来往行人数不清。三月桃花树树红，分水墩前闹冲冲。两岸划船叫摆渡，踏青仕女密重重。四月蔷薇叶正青，西木巷口像阊门。卖丝乡人无其数，终朝吃得醉醺醺。五月石榴似火红，贤圣盛会古遗风。神行太保刽子手，监押犯人不容松。六月荷花透水放，大桥湾里毛猪行。炎炎夏天难行走，臭气冲人不可当。七月鸡冠遍地栽，张王庙里任徘徊。凤凰池边无心立，前面去看总管会。八月中秋桂花香，土地堂前正闹忙。耍货摊头西洋景，看完戏法听滩簧。九月菊花瓣瓣黄，邀伴同游土地堂。便相只有四五日，遇上重阳已散场。十月芙蓉闰小春，新庵荡北桂花坟。嘉应庙前行人少，董家厅上冷清清。十一月花开紫薇红，宝善街上闹轰轰。大庄小号俱看备，电报传信不通风。十二月蜡梅开得浓，各家收账急冲冲。手提钞码回头看，恐忘经折破灯笼。”

江南古镇具有丰厚的文化遗存，年代久远的建筑、居民古朴的生活方式，是介于城市与乡村的人类大型聚居地，其处于古代交通要道，或藏匿于区域环境相对偏僻的地区，特定的古民居、古街区、古建筑等历史古迹，既是历史的积淀，也是历史的再现。他们自己也许已经完全适应了这种慢节奏的生活，感到无所谓，可是却羡煞城里的居民，城里人向往到这片人文荟萃之地，走一走，看一看，以调节自

▲ 20 世纪 30 年代，外出郊游的温州人泛舟湖上

▲ 1936 年秋，上海友声旅行团在汇龙潭畔侯黄二先生纪念碑前留影

己的生活。20世纪20年代，在旅沪西人生活观念的影响下，上海逐渐开始兴起一股新的郊游风气，涌现出更多的郊野徒步活动、自行车旅游等爱好者。这些爱好者搭乘城市交通工具到郊野，城市居民的休闲出游呈现出明显的“从城市到乡村”的特征。

▲ 1936 年秋，光华大学附属中学同学南翔郊游，在假山前留影

这种郊野游的风气起初在当时的西人学校、俱乐部、报社记者等人群中流行，郊游是近代化背景下城市人对郊野、乡村生活的一种渴望。这种郊游风气是在公共交通可达的基础上盛行的，基本可分为公交、轮渡、私人汽车和游轮等，方便城市人走进郊野。尽管大小城镇间的交通仍以河道为主，但小火轮的普及率很高；至于陆路交通，贯穿太湖平原的，主要以京沪、沪杭铁路为主，汽车交通也已众多。在时间与空间感觉上，都给传统中国人的生活以较大的冲击，也自然会改变人们的作息与出行安排，江南的旅行者及江南各地人员的流动，显得更加频繁。

▲ 1936 年的扬州，阳春三月，在瘦西湖边踏青的游人

在此风气感染下，一些商团、行会、学会、机构、团体也开始盛行郊游，去体验植根于江南“水”环境中独特的自然景观和生活特征，亦雅亦俗的独特文化，经济作用表现突出的社会形态，中国自古就有“仕女郊游”的风气，或祭祖踏青，或拜访名园古寺等，而现代人更多的则是从城市人的视角去体验一种全新的文化感受。

第七章

振兴中的邮电通信业

当欧美各国早已线路密布全境、邮政电信事业兴盛发达的时候，中国还是靠驿站和民信局维持着古老迟缓的通信方法。

驿站是古已有之的官办官用的信息传递机构，民信局为民用通信的传递机构，两者使用范围遍及全国，但在经营方式上基本未脱离封建时代的桎梏，就普及程度和效率便捷而言，不能与西方邮政电信相提并论。为此，从1866年起，清廷在洋人的帮助下，决定由海关开始试办邮政，在总税务司公署内添设了邮务办事处，并逐渐将收递范围由公务文件推广到私人信函。到1896年，基本囊括全国各主要商埠口岸和中心城市的“大清邮政”正式成立，基本上统一了全国邮政体系。

辛亥革命后，“大清邮政”改称“中华邮政”，邮政事业进一步发展。1920年中国政府代表首次出席万国邮联大会，并签订了一系列有关国际邮政的条约，积极争取融入世界。从此，中国与各国的邮件往来更为方便，而外国人享有特权的所谓“客邮”书信馆，则于1922年底一律撤销或取消。

现代化的邮政在中国产生与发展的另一体现是邮运工具的革命。旧时驿站递交公文和文书主要靠驿马，民信局的邮件，在陆路由邮差步行投递，在水路通过内河小船运送，无论哪一种方式，传递速度都很慢。1917年上海、天津分别使用汽车、摩托车运送本地邮件。1928年，上海、广州之间又用飞机运送邮件，这使两城市的邮递时间大大缩短。

邮政事业的发展使通信成为人们沟通思想和加强联系的常用手段。以抗战胜利后的统计为例，全国每年平均收寄10亿邮件，意味着两千多年来建立在小农经济基础上的落后闭塞的人际交往状况在很大程度上被冲破，又使得长期以来在这种交往中形成隔阂的种种传统禁忌逐渐消失。诸如两地书、贺年片、函授教育、读书通信、邮购商品等各种因邮政事业发展而造成的新事物、新现象在社会生活中出现并迅速普及开来。

总之，近代中国最显著的变化是由封建王朝向民族国家转型。在这一转型过程中，近代中国邮政作为国家通信基础设施和与大众日常生活联系最为紧密的公共服务机构，为国民对民族国家的想象与建构提供了最广泛的联系网络和最便捷的交往通道。

▲ 晚清的“大清邮政”馆舍

年年送客横塘路

——邮亭驿站

我国古代邮驿制度源远流长，西周已经有了比较完整的邮驿系统。书信通信有各种不同的传递方式，如以车传递称作“传”，一种轻车快传；还有一种车传称为“驲”，古代驿站专用的车，后亦指驿马；主要在边境上传书的机构，人们叫它“邮”，还有一种叫作“徒”的，则为急行步传，让善于快跑的人传递公函或信息，有点类似《水浒传》里的神行太保。在西周的邮传驿道上，沿途设置了休息站，叫作“委”“馆”或“市”，并有一整套管理制度。“急传”能如此迅速地赶到，说明当时驿路的畅通。春秋战国时期，随着政治、经济和文化的进步，邮驿通信逐渐完备起来。春秋时期邮驿制度发展的重要标志，就是单骑通信和接力传递的出现，这是我国邮驿制度史上的一次重大变化。

战国时期，邮驿通信事业繁忙的标志之一是简书与符信的风行。简书是把书信或文章刻写在竹木简上，大凡日常公文、官吏奏报、官方通信、说客上书，全用简牍。符信是通信的信物，即通行的凭证，有符有节。节是身份证明，供使者在路途中使用。持有此节者，沿途住宿伙食一律由传舍供给。秦王朝是我国统一的中央集权封建时代的肇始，在开创统一的邮驿制度方面，将邮驿统一了称呼，把“遽”“驲”“置”等不同名目，一概统一规定为“邮”。从此，“邮”便成为通信系统的专有名词。汉承秦制。隋唐时期是我国封建社会的重要时期。那时的邮驿盛极一时，空前繁荣。唐朝的驿站遍布全国。据《大唐六典》记载，驿站包括水驿、陆驿和水陆兼办三种，专门从事驿务的共有两万多人，其中驿夫17 000人。这是一支很庞大的邮政队伍。隋唐时期驿站（也称驿馆、候馆等）的讲究也是有名的。宋代中央封建集权制度有了进一步发展，顺应专制统治的需要，邮驿走向了军事化兵部掌管全国的邮驿事务。元代建立了严密的“站赤”制度，所谓“站赤”，就是蒙古语“驿传”的译音，从此通称驿馆为驿站，邮驿通信开始十分有效地发挥作用。明清两朝的邮驿，基本上沿袭旧制，驿站的设置和使用同前朝一样，仍处于政府的直接管理之下。

清代邮驿制度改革的最大特点是“邮”和“驿”的合并。在清朝以前，虽说某些文书上常常“邮驿”合称，但实际上邮驿是两种职能不相同的组织机构，“邮”负责传递公文，是一种通信组织，也称

▲ 晚清邮局内景

▲ 1943 年上海邮政总局

为“递”，或称为“传”，而“驿”实际上是只负责提供各种交通工具并兼有招待所性质的机构。两者互为补充，但毕竟是两套组织系统。清代将两者融为一体了。清代驿站比明朝更为普及，在一些边远的县级地区，新设了“县递”机构。清廷还开辟了许多新的驿道，新设了若干邮驿机构。这些机构，随地区而名称不同，大部分称“驿”，军用称“站”，新疆、甘肃等西北地区称为“塘”，北方内蒙古地区称为“台”，还有一部分地区又称为“所”等。清朝统治者根据边疆各地的不同情况，继承以往各代边驿的优点，在全国建成了繁密的通信邮驿网。

▲ 1935 年南京山西路邮亭

元代松江府设专司传递官方文书的铺递、邮驿，也称急递铺，东塘共设7处：张泾铺、蟠龙铺、新坟铺、钱坟铺、上海铺、龙华铺和淡井铺，成为铺递的重要节点，也是一种驿站的功能。苏州旧时拥有不少上规模的名驿，如姑苏驿、望亭驿、横塘驿、松陵驿、平望驿、枫桥驿等。横塘驿站背城面河，据守在胥江小岛的最西端，千年运河与胥江在它身边汇聚。古代多首送别诗中都提到了横塘。北宋诗人贺铸的《青玉案·横塘》中写道：“凌波不过横塘路，但目送、芳尘去……一川烟草、满城风絮，梅子黄时雨。”南宋诗人范成大在《横塘》中也描述：“南浦春来绿一川，石桥朱塔两依然。年年送客横塘路，细

▲ 20 世纪 30 年代，为满足偏远地区通信，出现了由汽车改造成的流动邮亭

雨垂杨系画船。”有专家据此推断，横塘驿站很有可能建于宋代。

历史上，对姑苏驿有这样的描述：“姑苏驿递南接行省，北抵大江，东南贡赋并两浙、闽海之供，悉由兹道，是以送往迎来，岁无虚日。”透过这段文字，对当时驿站的忙碌程度可以想见。

邮传设局已经年
——设民信局

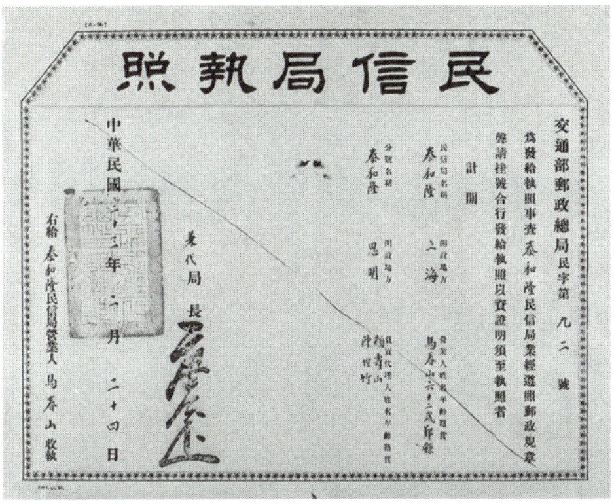

▲ 自清代开设的民信局私营机构一直活跃到民国。图为民国时期的民信局执照

▲ 民国时期宁波绍兴“盛泰记宁绍信局”下属机构

古代除了官方通信外，在先秦时期尚没有正式传递私人信件的机构，一般百姓只能通过来往熟人捎带书信。《诗经·小雅·采薇》说：“忧心烈烈，载饥载渴。我戍未定，靡使归聘”，意思是，心中忧闷如烈火中烧，又饥又渴，驻地也没有固定，哪能找到一个方便之人给家中捎个平安书信呢？还有两句为“谁将西归？怀之好音”，出自《诗经·桧风·匪风》，意思是：哪位朋友准备西归故乡去？为我捎回一切安好的讯息。

秦汉也没有合法的私邮制度。唐代私邮有了发展。如在长安和洛阳两大城市之间，有了主要为民间商人服务的“驿驴”，并且还出现了“邸报”，不过那还是局限在一个不大的范围之内，民间通信依旧艰难，即使到了唐天宝八载（749）诗人岑参第一次远赴西域，出塞任职。他告别了在长安的妻子，跃马踏上漫漫征途，西出阳关，奔赴安西。也不知走了多

▲ 上海朱家角古镇遗留下的大清邮局

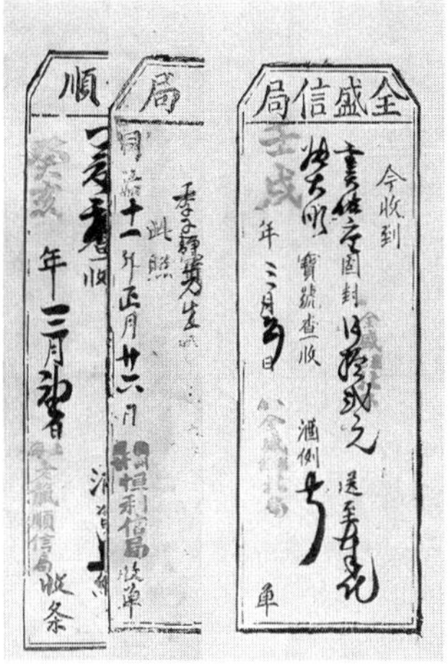

▲ 清代民信局出具的票据

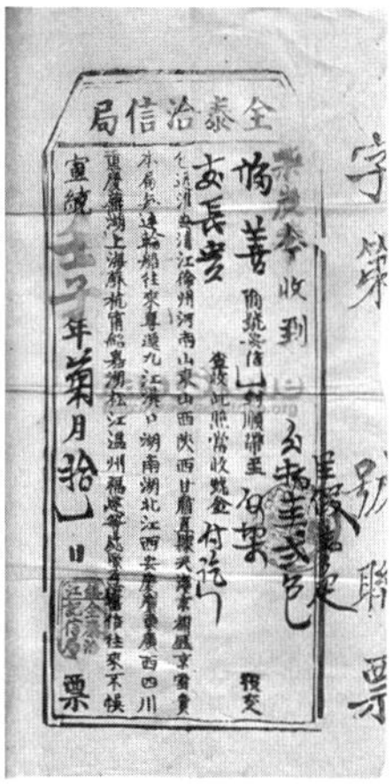

▲ 1912 年 10 月 20 日“镇江全泰治信局”开具的挂号信件发票(即收信凭单)

少天，就在通往西域的大路上，他忽地迎面碰见一个老相识。立马而谈，互叙寒温，知道对方要返京述职，不免有些感伤，同时想到请他捎封家信回长安去安慰家人，报个平安。写下了一首《逢入京使》：“故园东望路漫漫，双袖龙钟泪不干。马上相逢无纸笔，凭君传语报平安。”

到了宋代，情况就不同了，不仅官邮进一步发展，私邮也得到很大发展，“私书附递”现象很普遍。北宋大文学家欧阳修在文章中说：当时他自己和朋友间往来的书信，便是由“急脚递”传送的。诗人陆游有一首诗就表达了他接到书信时的喜悦心情：“日暮坐柴门，怀抱方烦纡。铃声从西来，忽得濠州书。开缄读未半，喜极涕泗俱。”他激动极了，读着读着，不禁老泪纵横，说明到了南宋，私人通信就已经很普遍了。

明朝时期，组织比较严密的民间通信组织——民信局开始出现。民信局是一种商业组织，由老板出资，雇用店员经营，专为民间投递信件、汇款和邮包。民信局最早诞生于沿海沿江经济比较发达、通商比较方便的城市和地区，以后逐渐发展到内地，直到东北和西北各省。19世纪清朝道光、咸丰、同治年间，民信局发展到鼎盛时期，当时全国大小民信局总共有几千家之多。清末有首竹枝词云：“邮传设局已经年，轻重平衡定价钱。标贴一分千里寄，抑何远近不分权。”

1840年鸦片战争以后，实行了“五口通商”，各地民信局纷纷扩大组织，相继在上海设立总号，在各地商埠设立分号、联号或代理店。这样，在全国各商埠和交通比较方便的市镇之间逐步连成了一个稀疏的民间通信网。民信局历经明清两代发展，到清光绪年间，大小民信局已多达数千家。规模大的民信局会在当时商业中心的上海、宁波等地设立总店，在各地设立分店或代办店，并与其他民信局联营，构成民间通信网。因为民信局是由私人经营的、负责民间通信的一种商业性组织。这些大大小小的民信局铺面招牌高悬，写明某某信局，以招揽生意。民信局的招牌之下，往往也会写明信件通达的地点，标注该局特定的运输和投递方向与路线。

清代民信局的业务范围很广，方式也很多。其主要业务活动有三项：一是信件收寄，“上门取件”，收信的手续很简便，只要在信簿上登记姓名、地址、内装何物、价值等便可，以备日后查对。具体的收费标准，更是名目繁杂，有书信寄递费、有价票据寄递费、现金寄递费、汇总费、挂号费等。也有一些特殊的信件，如紧急信件有“火烧信”“鸡毛信”。“火烧信”是烧掉信件的一角。“鸡毛信”是在信件的封口处插上一根鸡毛，表示“火速”“飞速”之意，这些紧急信件在收费上要加倍。二是运送包裹，提供客户所需的轿夫、挑夫、骡车等工具，收取一定的费用。不需要客商押运包裹，由民信局负责运送到指定地点交给指定人收取。此外，民信局还派专人护送，另收保险费用的方法。明、清的镖局就是在这种背景下出现的。三是汇兑与现金运送业务，那就有一定的风险了。

1896年大清邮政成立，标志着中国近代邮政的诞生。国家法律规定邮政由国家专营，民信局这类民间寄递组织逐渐收归国有。

邮便交通众共欣

——近代邮政

中国邮政的起源脱胎于历史悠久的中国邮驿制度。1878年清政府在洋人的鼓动下，开始试办邮政，1896年3月20日，大清邮政总署设立，由海关兼管。1897年2月在上海设立上海大清邮政局。不过，气数将尽的大清王朝走到末路黄昏，他们无力抵抗帝国主义瓜分、掠夺中国的狂潮，英、美、法、德、俄、日等几个帝国主义国家，以“书信馆”的名义在中国非法开办邮政机构，时称“客邮”。

自鸦片战争后订立不平等的中英南京条约起，我国就开始丧失了关税自主权，由外国人管理我国海关。1863年，英国人赫德被清政府任命为海关总税务司后，不仅掌握了我国海关大权，还擅自在海关总税务司署内设置了邮务办事处，兼办邮政，包揽了邮政大权。1878年，赫德派人先后在北京、天津、烟台、牛庄（今营口）、上海五地试办邮政，办理华洋邮件，还发行了我国第一套大龙邮票。到1884年，凡设有海关的地方，基本上都开办了海关邮政。赫德控制我国邮政大权后，一方面对各帝国主义国家的“客邮”，不但没有采取他许诺的“抵制之计”，相反，却与有关各国达成协议，承认各国在通商口岸设立邮局；另一方面，他又对我国自办的民信局和驿站采取蚕食、逐步淘汰的阴险手段，加以摧残和扼杀。

清廷不仅对“客邮”毫无异议，反而在后来的《天津条约》中允许列强的外交文书“由沿海无论何处皆可送交”。列强诸国竞相以“利益均沾”为名，纷纷在上海设立了自己的邮局。他们在中国领土上，行使他们本国的邮政章程，不仅收寄国际邮件，而且还收寄中国国内互寄邮件，并在收寄的邮件上贴用外国邮票，盖用他们本国文字所写的中国地名邮戳，按照他们的“国内邮资”收寄“国际邮件”，更有甚者，他们还疯狂排挤和压制中国邮政，并从事毒品贩卖和贵重

▲ 20 世纪 20 年代，位于四川路桥堍旁的上海邮政总局大楼

物资走私等罪恶活动。中国境内开办的“客邮”日益泛滥，据不完全统计，到1918年第一次世界大战末期，这类“客邮局”代办所共达344处，其中以日本和俄国的数量最多，分别是140处和119处。它们不仅设在中国沿海沿江通商口岸，还推进到内地与边疆。

▲ 民国时期的邮政局已经颇具规模，这是当时一个邮局内部的情景

▲ 1919 年南京北门桥街区悬挂的北门桥邮务支局招牌

▲ 20 世纪 20 年代，上海两名青年女子在路边的邮箱信筒前

▲ 1941 年江南乡村邮政所

1908年，赫德因病回国，1911年，清政府宣布“预备立宪”，决定将海关兼办的“大清邮政”改属邮传部管辖。但是邮政总局虽然由邮传部派员担任局长，而实权仍然掌握在邮政总办帛黎和许多外国人手里，一切原封未动。海关办了40多年的邮政，在移交邮传部时，不但没有给清政府赚得一文钱，相反却说45年来海关为邮政垫款白银184万余两，要由清政府按年息4厘，分5年全部归还。

民国建立之后，1920年10月，民国政府全权代表刘符诚在第七届万国邮政联盟大会上，提出撤销“客邮”的要求，夺回邮政主权。1921年，中国外交部正式照会美、英、法、日四国，要求撤销在华“客邮”，同年11月在华盛顿召开的太平洋会议上，中国代表施肇基宣读了中国要求撤销“客邮”的宣言，声明外国在华设置“客邮”是非法的。

由于中国人民多年的反抗，加上帝国主义各国在华矛盾的加剧，1922年2月1日的太平洋会议终于通过了撤销外国在华“客邮”的议案，限期在1923年1月1日前撤完。此后各国在华“客邮”除日本在旅大地区及南满铁路沿线和英国在西藏的邮局外，均在1922年底撤完。日本在上述地区的邮局作为悬案，直到1945年抗日战争胜利后才彻底解决，而英国在西藏的邮政局、电信局则到1955年才由印度政府交还中国。

1911年中华民国建立，上海大清邮政转变为中华邮政，改称上海邮务管理局。1914年3月1日，中国加入万国邮会，上海邮务管理局被指定为国际邮件互换局，成为当时中国邮政国际通信的主要经办机构。1924年11月，上海邮政部门自筹资金在四川路桥北墩建造了一幢富丽堂皇的邮政大楼，距离北火车站和轮船码头都很近，为当时理想的邮政枢纽。“邮便交通众共欣，寰麻传得到乡村。平安二字千斤重，切莫浮沉学老殷”。近代邮政兴起，便利了民众通信，还是广受欢迎的。

衡阳犹有雁传书

——邮差谈往

一百年前的中国人，没有“快递”这个行当，1896年，清光绪皇帝正式批准开办大清邮政官局，中国邮政正式诞生。“邮差”是指由邮局任用，负责为社会公众收送信件的人。这个称呼一直延传到1949年才结束，新中国成立后改称“邮递员”。

其实，“邮差”这个名称，按照旧时命理学家的解释，“邮”字五行为土，“差”字五行为金。名字土金组合，土生金，金旺。这种组合的差事，要求履职的人待人诚恳，正直无私，意志坚定，吃苦耐劳，工作态度积极，能靠自身的努力取得成功，看来还是很吉利的称呼。民国时被称为“金饭碗”的工作有邮政、银行、海关、铁路。邮政行业之所以很吃香，是因为不讲学历只讲能力，不管求职者是大学毕业还是中学毕业，想进入邮政系统，都必须经过考试，按成绩择优录用。

1905年，由外国人把持我国邮政，规定黄绿两色为邮政专用色，且绿色为主，黄色点缀。“邮差”属于公职人员，邮差的上衣下裤已与现在的服饰极为相似。至于边远地区的邮差，在清末，他工作时，身上须套着一件职业坎肩，胸前写着“邮政”二字。这件坎肩既是职业的证明，也是一张道路通行证，还有“挡箭牌”的护身符作用。当穿着这件坎肩路过县州府时非常顺畅。当路上遇到土匪盗贼时，这件坎肩可保住邮差的邮包。那时候的邮差，一路风餐露宿全靠步行。所以，邮件走得都很慢。不过，几乎也形成一个传统，军阀混战，盗匪横行，人们都墨守一条铁律：无论条件多么艰难，一般都不会去打劫邮差，这也就保证了往来书信交流的畅通。

▲ 民国上海大北电报公司的一名邮递员一身工作制服，脚上穿着锃亮的皮鞋，干净、利落、精气神十足

民国北洋政府首开新型“服制”之端，自1912年至1913年，出台了7项“服制”法规，涉及国民、军事、司法、行政、外交等7个方面的“依法着装”问题。民国的邮差是立法机关依照国家“服制”法案所规定的各有关部门的着装式样，邮差制服的袖边、领口和帽子上都镶有金边，看上去很精神。邮政管理的部门也要求必须“依法着装”。

1937年至1945年，邮政也在缓慢地发展。那时，根据投递区域的不同条件，边远地区邮件有人扛、骆驼托运、雪橇运送，而在一般大中城市，纷纷为员工配备标志与颜色统一的自行车作为工作交通工具，并且出现了邮政汽车和邮政专车，结合铁路、船舶和飞机运输等多种方式。南京在全国率先设置了“赶班信筒”，即带有黄箍的绿色信筒，以赶发京沪线和经上海转发各地的邮件，有点类似于今天的快递。为了加快信件发送的时效节奏，邮局专门派人骑摩托车来收信，每日收6次，收到直接送走。所以速度很快，沪宁沿线的信件往往搭乘火车一到两天就能送到。而平时不着急的信件，一般都是需要邮局人员步行来取，然后拿回支局进行分拣才能寄走。

▲ 20世纪40年代，上海一名骑车送邮件的邮递员，看上去还是少年

唐杜甫《春望》：“烽火连三月，家书抵万金。”书信从古至今便是人们交流感情的重要方式。它是一种人心温度的载体，一封封书

▲ 1937 年，上海街头推着自行车的邮递员

▲ 20 世纪 40 年代，邮递员正从邮局出发分头执行自己的任务

▲ 20 世纪 40 年代，上海邮局分拣员正在分拣邮件包裹

信承载着一颗颗赤诚之心。纸面上流淌的文字拼凑成一代又一代人的灵魂，使后人得以联通上先人的血脉。1938年“4·29”空战中，空军少尉陈怀民的座机中弹起火，他临危不惧，紧握操纵杆，猛烈撞向日本海军第二航空队高桥宪的96式舰载机。高桥宪机毁人亡，年仅22岁的空军英雄陈怀民也壮烈殉国。陈怀民的战友在清理高桥宪的飞机残骸时，发现了一封高桥宪妻子美惠子写给丈夫的信。陈怀民的妹妹陈难看到这封信后，觉得自己已经获知哥哥的死讯。海那边的那个女人可能还不知道丈夫的死讯。于是，陈难在1938年5月31日给美惠子写了一封信，此后两个不同国度的女人书信往来，互相抚慰彼此的伤痛，控诉战争的罪恶。

邮递员是人间信使，在信息传播尚不发达的时代，邮递员、邮筒、邮运的各个环节，都像是一个个小小的神经节点，联结疏通各路往来，形成了全国上下畅通无阻的信息物流网络。邮政通畅关乎国政朝堂，关乎社会稳定，在社会生活中发挥着越来越重要的作用。

▲ 1912 年肇庆寄英国双挂号，背贴蟠龙邮票 5 分 5 枚，有上海 1 月 30 日、上海法国客邮局 1 月 31 日中转戳

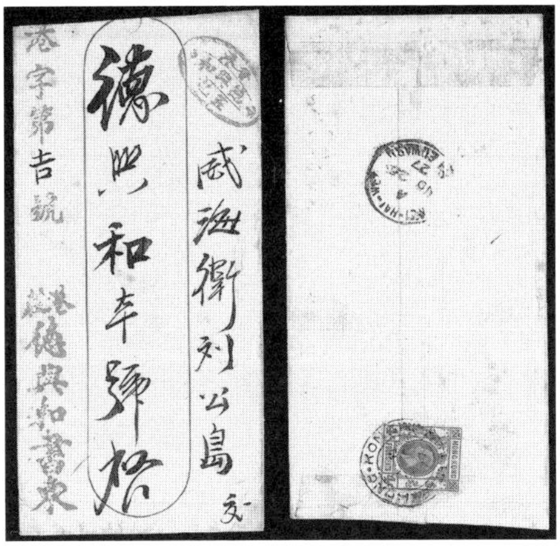

▲ 1927 年 11 月 19 日，香港寄威海卫中式封，背贴香港乔治像邮票 1 枚

今朝合有家书到

——尺牍书信

自古以来，人类就一直在用自己的智慧与能量去解决远距离信息传递的媒介问题。“青鸟传书”“鸿雁传书”“飞鸽传书”都是指用候鸟，特别是信鸽、大雁等动物作为传输工具，鸿雁传书，典出《汉书 · 苏武传》：“言天子射上林中，得雁，足有系帛书，言武等在某泽中。”所以，后来用鸿雁代称书信；也有称“双鲤”，典出汉乐府诗《饮马长城窟行》：“客从远方来，遗我双鲤鱼，呼儿烹鲤鱼，中有尺素书。”以鲤鱼代称书信有几种说法，有“双鱼”“双鲤”“鱼书”等；古人以灯光、火光、孔明灯、烽火台作为媒介来传递信息，三千年前，我国古代的周朝就有利用火光来传递信息的设施——烽火台，用燃点烽火、狼烟来传递信息。烽燧这一传统通信方式，较于当时跑得最快的马是不可替代的，还有很多信息传递的媒介，它们都极大地丰富了中国信息传播史的内容。

当然，古代社会最为传统和普及的信息传播方式，就是书信。古代书信的出现，几乎可以追溯到文字的产生。当时的书信一般为一尺见方的木板，即为现在的信笺。外边是一只大木匣子，即现在的信封。古人管信笺叫尺牍，称“信”叫“函”。因此，古人称书信为“尺牍”或“函”。“信”这个字，在古时是指人的言语、行为诚实，我们今所说的“信”，是从古代“信物”中转化来的。古代寄信十分困难，主要靠人力或马匹传递。如果路程较远，一封信要在途中耽搁几个月甚至一年半载，是常有的事，所以古人常利用捎口信的办法，来减少这种麻烦。岑参“马上相逢无纸笔，凭君传语报平安”的诗句，说的就是这个意思，也在历史上留下一段佳话。

在往来信件上，现在不少人都习惯在信封的落款处写上“某某缄”，这是沿袭了我国古代的用法。“缄”，原来是捆箱子的绳子，《说文》里写道：“缄，束箧也。”后引申出人不发言叫“缄口”“缄密”“缄默贵如金”，缄由“捆”引申为“封”，叫“札”，并用绳子捆上，绳的打结处再加一块泥，然后在泥上盖印章，以防被拆，这叫“封泥”。“缄”和“封”的目的都是为保守“札”中的秘密。现在人们借用“缄”字，就是某某人封的意思。

除此之外，古代的书信还有一些名称。“书筒”，指盛书信的

▲ 1931 年 5 月 31 日，帆船 1 分邮资片，上海航空寄德国，有邮票纪念日戳等戳记

邮筒，古代书信写好后常找一个竹筒或木筒装好再捎寄，后来书筒也成了书信的代称；“八行书”，旧时信件每页八行，故称为八行书；“柬”，在古代，柬与简通用，是信件、名片、帖子之类的统称，如请柬、贺柬、书柬等；“素”，古代称白绢为素，用白绢（或绸）写成的书信称为尺素，后来“素”成为书信的代称；“笺”，原是精美的小竹片，供人们题诗或作画用，一般信纸也叫笺，后引申为书信的代称；“札”，在古代指书信、公私文书，札原意为书写用的小木简，现仍通用“信札”一词。

我国古代最初把信书写在竹简或木板上。寄信则用两块刻有凹凸槽形的竹筒或木筒，下面一块写上书信的内容，上面一块写上收信人和寄信人姓名地址，两块竹、木板相合后用绳捆扎，打结处，加上封志盖印，就成了一封完整的书信。人们外出给家人写信报平安，就用刀刻在竹片上，叫“刻竹报平安”，到后来，把平安家信引申为“竹报平安”。《晋书》记述了西晋文学家陆机用犬送家书的典故，这是私人用犬送信的最早文字记载。因此，后人用“黄犬音”代称书信。南宋范成大《客中呈幼度》云：“今朝合有家书到，昨夜灯花缀玉虫。”他出门在外，某天早晨，终于收到了家书，不仅喜出望外，想起了昨夜灯花上缀满了玉虫，象征着家人的思念和对他的祝福。

书信发展到近现代，依然是人们传递信息、交流情感的重要媒介。从清末到民国，民众普遍都用信札交流，这些书信荷载着时代的信息，折射着历史与文化的光彩，尤其是文化名人的书信就更具文献史料价值。名人书信作为一种文化遗产，本身就是珍贵的史料与艺术珍品，书信背后还隐藏着很多曲折生动的历史故事。

▲ 1939 年 8 月 29 日，实寄美国，销美国轮船邮戳的邮件

▲ 1941 年 10 月 11 日，上海寄澳大利亚航空检查封一件，销上海戳

▲ 清末民初江浙一带的老先生在城隍庙代写书信旧影

欲作家书意万重

——代写书信

书信，自古以来就是承载人们彼此心灵与情感的物件，在人们见个面都不容易的传统时代，书信的出现难能可贵。“见字如晤，展信舒颜”，书信又何尝不是慰藉亲人心灵的良方！但旧时代文化教育不发达，许多人不识字，更不会写字，竟催生了一个行当——代写书信。承担起代写书信的职能；邮局门口也常有操这个营生的，求写书信的人在一旁絮絮叨叨地讲述，代写书信的人斟字酌句，记录成家书。

晚清民国时期的代写书信摊点大多摆在闹市区，一张破旧的小桌外加一张板凳，旁边打着小幡，上有“代写书信”4个字。小桌上放着笔墨纸砚等书写工具，耐心等候着顾客的光临。代写书信者一般为老先生，慢条斯理，有生意照顾来客，没生意的时候，就拿着一张报纸，细细阅读。这些老先生，其实也算那个时代的文化人，有一些是穷酸的腐儒，更有一些是满肚子的学问，只不过生不逢时，或因科举不第，名落孙山，或者不善钻营，不会巴结逢迎，虽满腹经纶，但只好代写书信糊口为生。

当然，还有一种捉刀代笔者，与“代写书信”的老人具有不同的意义，例如钱锺书家学渊源，古文功底深厚，15岁时已通览《古文辞类纂》《骈体文钞》《十八家诗钞》等典籍，读书之余，他曾经为乃父钱基博代笔写信，由口授进而代写、代做文章。在江苏无锡辅仁高中读书期间，钱锺书曾替父做“枪手”，为乡下一大户人家撰写墓志铭，洋洋洒洒，文采飞扬，钱基博展读之下称誉不已。此后，街坊四邻竞相上门请钱锺书代写书信或文章，他总是来者不拒，欣然完稿。有一次，曾任北洋时期段祺瑞政府司法总长兼教育总长的章士钊，书写了一幅书法作品赠送给钱基博。钱锺书又代父作诗酬答：“活国吾犹仰，探囊智有余。名家坚白论，能事硬黄书。传市方成虎，临渊倘羡鱼。未应闲此手，磨墨墨磨渠。”直到1994年，钱锺书出版《槐聚诗存》时，他在序中写道：“代人捉刀，亦复时有。此类先后篇什，概从削弃。”但这首诗不仅保留了下来，他还在“题后”特别注明“代家君”三字，也是一段佳话。

▲ 20 世纪 30 年代，上海不识字的老奶奶口述，请先生代写书信情景

▲ 1938 年上海底层生活的民众请有文化的老人代写书信

还是回到“代写书信”上来，要是在春秋季节还行，可是每当寒冷的冬季，这些老先生就穿上棉袍子，老棉鞋，戴着黑缎子风帽，有时长长的护耳垂在

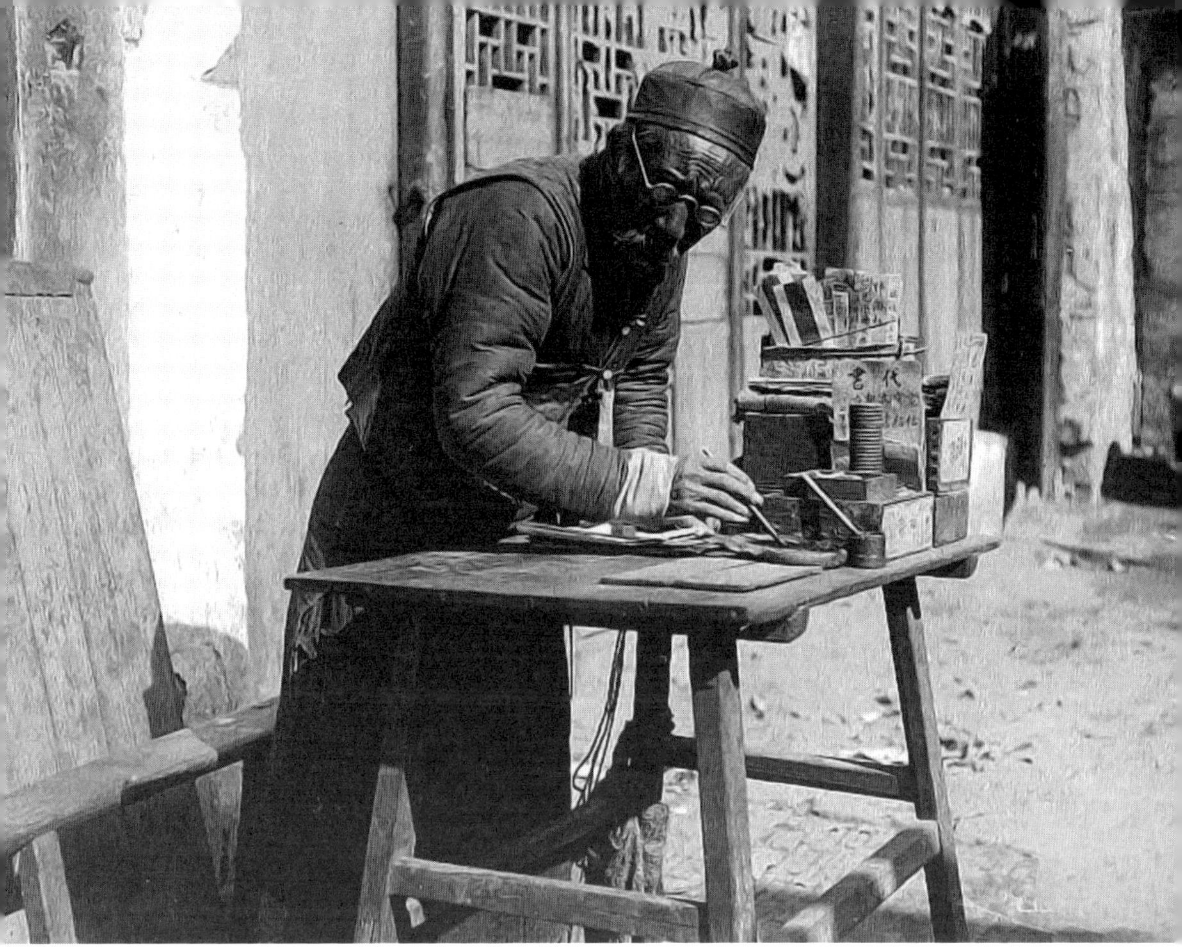

▲ 清末民初街头代写文书的老先生

肩上，像是回到了清代。有的先生不仅擅长代写书信，还兼做“测字”“算命”一类帮人选择黄道吉日和奇门遁甲一类指点迷津、预测前程的事务。他们固守中国传统尺牍、尺素的规矩，很讲究写信的套路和格式，有时反而把委托人的意思给疏忽掉了。

代写书信其实是一种信息交换，代笔方式分两种，一种是客人具备口头表达能力，由他们口述，代笔者一句不误地照录；另一种客户基本不具备准确叙事能力，他们唠叨出想要传达的意思，则由代写书信的老先生组织措辞，“捉刀”代笔。书信的格式基本上就是传统的尺牍方式，如开头的用语一般都是“敬启者，见字如面”，结尾则是“余容后禀，善自珍摄”等客套话，千篇一律，反正每个信件都能派用处，说了也不错。信写完，代笔者把全文读给顾客听，客人听出遗漏的内容，可以要求逐一添上，有求必应。等顾客满意了，就支付一笔微薄的笔资。

家书，是古代中国远游在外的游子与家人互通来往的主要沟通方式，它不只是一张纸，它是一份乡愁，是维系亲情的重要纽带。唐代诗人张籍《秋思》：“洛阳城里见秋风，欲作家书意万重。复恐匆匆说不尽，行人临发又开封。”“欲作家书意万重”，写得太绝了。张籍是吴郡（今江苏苏州）人，客居洛阳城，秋风勾起了诗人独在异乡的凄寂情怀，引起了对故乡、对亲人的思念之情。于是他写了封家书问候平安，可要说的话太多了，又不知从何说起。信写好了又担心匆忙中没有把想要说的话写完；当捎信人就要出发时，又拆开信封……这个细节化的描写，非常细腻地将作者的思念之情表达了出来。

▲ 旧时上海街头常见一景，这种小摊不仅代写书信，还代寄书信或状子，个别还会算命占卜

奇哉电报巧难传

——电报电信

1837年美国画家莫尔斯发明电报机，并于1844年成功发出人类历史上第一份电报“上帝创造了何等奇迹”，而宣告世界通信开始进入了用电来传递信息的新时代。1851年，英吉利海峡海底电缆铺设成功，标志着电报跨越了地理上的限制，开始连接全球。此后，欧美各国在国与国、洲与洲以及宗主国与殖民地之间大力铺设海底电缆，实现了信息跨洲过海，转瞬即达。继交通工具近代化之后，人类终于实现了通信手段的近代化。

1861年俄国公使巴留捷克向清政府总理各国事务衙门提出，设立北京到天津之间的铜线，这是外国首次提出在中国架设电报线路，但遭到了清政府的断然拒绝。清廷拒绝电报的理由，与拒绝铁路的理由差不多，大致是架设电报线路，势必会毁坏坟墓、田舍，破坏地脉和风水，这与中国社会公序良俗格格不入；架设电报线路后，外国人在华通信将更加方便，自然也方便了他们侵略中国；老百姓反对和破坏电线，而地方官员在外国的压力下，要承担保护电线的责任，两相冲突，容易酿成民变。此后各国要求接踵而至，要求在华设线，1871年丹麦大北公司在上海敷设起第一条电报线后，见清政府和上海的地方官员予以默认，于是得寸进尺。电报的迅捷无可比拟，其实也是清朝幅员辽阔的国家所急需的通信工具。它可以有力地帮助清廷的旨意及时传递给地方，有助于加强中央对地方和边缘地带的控制。中国与世界各地的电信联络便正式开始了。

电报仅用一根细细的铁线，便能用电码远距离传达信息，使人们虽远隔重洋千万里也能相互传言，这种神奇功能令当时的中国人十分

▲ 1880 年起招商局投资创办中国第一家电报局——天津电报局，后移址上海

▲ 1907 年，建成初期的上海大北电报公司新楼

▲ 上海大北电报公司发报间。至 1911 年，上海已是中国的电报中心

▲ 大北电报公司在上海至吴淞敷设陆路电报线情景

惊奇，文人骚客们更是纷纷作文赋诗津津乐道，所以，电报也成了这一时期上海报纸上经常谈论的话题，1874年12月21日，《申报》刊登的《春申浦竹枝词》写道：“奇哉电报巧难传，万水千山一线牵。顷刻音书来海外，机关错讶有神仙。”“最是称奇一线长，跨山越海渡重洋。竟能咫尺天涯路，音信飞传倏忽详。”一位署名“滇南香海词人”的文士在寄给《申报》的一首《洋场咏物词》中，对于电报“暗牵线索”“经纬纵横”“穿河贯汉”的奇特构造，“传

消讯”“捷于影响”的神奇功能，惊叹为“事更离奇”“匪夷所思”“具大神通”。

对于电报这种“巧夺天工”的制作，人们在惊叹之余，又生出忧虑：西人可以如此迅捷地互通信息，如遇战事将是对中国的一大威胁。所以1872年8月12日《申报》载《洋场咏物诗》就此警告当政者：“击节宵应惊蛰蜃，传书今不藉飞鸿。寄言当局防海者，胜算先筹帷幄中。”他们希望中国主海防者应尽早采用这种神奇技术，以免陷于被动。

19世纪70年代末，由于日本发动进攻台湾的战争，清政府洋务派官员已经深深感到电报传递信息的重要性，逐步改变了反对架设电报线的政策，决定自主兴办电报。1877年清政府在台湾修建了中国第一条电报线，1881年12月，津沪电报线开通，此后几年间，电报很快推广，南北数万里呼吸可通，上海成为中外南北信息汇聚的一个中心。上海街头电线杆林立，电报四通八达，《上海洋场竹枝词》有词咏道：“电竿林立矗云天，铁线分张真似弦。万里语言同一室，华洋消息往来便。”人们已从最初惊为神奇的旁观者，变为享受其便利的使用者，这种来自西洋的“奇器”就这样融入了人们的社会生活。

电报传入中国，在一定程度上延续了清王朝苟延残喘的统治。电报在中国兴起之时，正值中法战争，如果按照传统的通信方法，这场战争注定要像鸦片战争一样被完虐。但电报的运用，使得清廷能及时掌握战场信息，快速调动各种资源支援战争，最终获得了比较体面的结果。电报的商用，可以使商人快速了解各地市场行情，指导商业活动。电报提升了信息传递的速度，便捷了人们的沟通，扩大了人们的视野，改变了社会风气。电报出现后，新闻、气象、商务、日常通信转瞬即达，人与人的地域距离被相对缩小，“车马很慢，书信很远”的日子，慢慢成了从前的记忆。

▲ 1948 年，新闻报传真室使用的 CF—4 相片传真发片机

▲ 1900 年上海电话局内的场景，爱立信向上海交付了第一台公用人工交换机

水西遥隔语言通

——电话初现

1876年，美国人亚历山大·格雷厄姆·贝尔发明了第一部可用的电话，以此开创了人类的通信革命。电话的引入稍晚于电报，中国人最初称电话为“德律风”。1881年，英籍电气技师皮晓浦在上海十六铺沿街架起一对露天电话，付36文制钱可通话一次，堪称中国的第一部电话。1882年，丹麦大北电报公司在上海外滩租界内开办“德律风”业务，是年2月21日，大北电报公司在上海外滩7号正式开设了第一个电话局，设置了一部人工交换机，并在租界内的马路上架设了话线杆，25家客户成为上海首批电话用户。这个电话局是上海，

也是中国最早的市内电话局。上海由此成为最早拥有电话的城市之一。

随后，电话这种新生事物就出现在了当时中国的一些大城市。丹麦商人的大北电报公司筹办电话，这年12月5日《申报》刊登一篇题为《沪上拟用德律风》的报道："西报载有外国电线行告白，言上海地方将通行德律风，工部局已曾核准矣。德律风者所以传递言语，为电线之变相，亦以铁线为之，持其一端，端上有口，就口中照常说话，其音即由此达彼，听者亦持其一端而听之，与面谈无异。不但语言清楚，而且口吻毕肖。"1907年一首《上海商业市景词》描述打电话的场景说："水西遥隔语言通，此器名称德律风，沪上巨商装设广，几如面话一堂中。"

当时的中国人对于这种以电线连接即可远距离通话的奇器，已不再像其他新生事物刚出现时那样表现出惊诧的意味，而只是作一番客观的描述，随后还以十分轻松的语气推介道："此法一行，无论华人西人皆可置备，相隔数里或为风雨所阻，亦不难遥遥共话，是又一快事也已！"1882年2月，租界内有二三十家用户率先用上了电话，旋即又有英商的电话交换所开业，有用户30多家。次年春，又有徐家汇天主堂设立电话通达租界各洋行，预报风雨气象消息。虽然这时使用电话的还多是西人，但中国人知其事者也不再惊诧，而是渐渐见怪不怪、习以为常了。

▲ 清末上海的电话交换机房

▲ 20 世纪 20 年代上海电话公司接线小姐

1899年11月19日，时任督办铁路大臣大理寺少卿的盛宣怀向皇帝提交了奏请开办电话业务的奏折，《大清德宗景皇帝

▲ 20 世纪 30 年代上海电话局的女话务员

实录》将这一历史事件记录为：“督办铁路大臣大理寺少卿盛宣怀奏：电报公司拟添设德律风，杜外人觊觎之谋，保电局已就之利。允之。”这是中国官办电话真正的开始。1900年，八国联军攻入北京城后，慈禧太后连忙带着光绪皇帝逃到了西安。就在这时，一个名叫璞尔生的丹麦人，趁乱把自己在天津的电话线接到了北京，建立了北京的第一家电铃公司。

随着时间的推移，电话在传递信息方面的巨大优越性，逐渐为中国人所认识，人们纷纷吟诗咏诵，晚清文人袁祖志的竹枝词《望江南》第24首云：“申江好，电线疾雷霆。万里语言同面晤，重洋信息霎时听，机括竟无形。”说的就是引进不久的电话。电话信息技术传输所带来的经济效益相当可观，迅速刺激着中国官商。1907年2月，清政府邮传部电政总局以1902年的商办电话为基础，在上海南市东门外新码头里街设立上海电话局，租民房三间，作为局房，共有员工19人，开业时有用户97家，打破了自1882年起外商电话公司一直垄断上海电话通信业的局面。1909年，上海电话局又在闸北共和路开设第二个电话局，称闸北分局，原南市电话局则称上海电话局南市总局。

伴随着电话的启用和发展，上海的公用电话应运而生。到20世纪20年代，上海不少酒楼、饭店、茶馆和夜总会等将所装的电话供他人拨打从中收费，电话经营部门亦正式认可，由此逐步形成了一批可供民众使用的公用电话。1924年出版的《上海轶事大观》记载，在20世纪20年代的上海租界，“至今凡百商业之稍具规模者及住宅之稍有余力者，几无不家通户达，脉络相贯矣”。到20世纪30年代中后期，上海已发展为远东最繁华的都市，公用电话涉及的范围已迅速扩大，上海证券公司大厅里特设了公用电话，如同茅盾小说《子夜》中的冯元卿那样——用公用电话打探“消息”，成为现实。1949年末，美商上海电话公司和上海电信局实装用户共有66 317线。

电话通信技术的日益发展，促进了人们的信息交流。互相间对话的距离可以不分远近，声音却毫不走样，甚至随着技术的进步而越来越清晰。

▲ 民国时期，位于江西中路 240 号旧称“德律风大楼”的上海市电话局大楼外观

▲ 20 世纪 30 年代最早出现的公用电话亭，从早期安装在电话局内，逐渐向旅馆、茶楼、酒馆、码头、车站等公共场所拓展

▲ 民国时期电话初装后，老板忙不迭地与客户打电话交流信息

独立倾听德律风

——交谈传呼

1882年，沪上自有“德律风”，电话出现后，当时的人们普遍持欢迎态度，《申报》有竹枝词道：“两地情怀一线通，有声无影妙邮筒。高呼狂笑呈憨态，独立倾听得（德）律风。”稍后，徐家汇天主堂神父慕谷复，从徐家汇气象台拉线至英法租界各洋行，每天通过电话报告气象消息，用户咸称方便，并感受到电话传播信息的神奇作用。

这一作用后来也体现在生意场和生活起居中，于是申请安装电话者络绎不绝。德律风“入手而能用，着耳而得声，坐一定而可对百朋，隔颜色而可亲闻声音”。但在当时贵为奢侈品，一时难以进入寻

▲ 1940 年上海市民与亲友打电话亲切交谈

常百姓家，即使华人显贵也难拥一号。当时由于仍多采取人工转接，所以收费就显得比较贵。1930年，美商电话公司取代英商华洋德律风公司对普通交换所线路按次数计费。1940年，上海电话公司又借口安装新机器而提出加价，引起用户强烈反对。抗日战争胜利后，美商电话公司恢复由美国经营。1945年11月，美商实行超次收费的分级累进方式。此后，由于国民政府法币迅速贬值，物价腾飞，电话费就像断线的风筝，越来越高。

1931年，上海电话局安装了4部公用电话。次年，美商上海电话公司在租界启用了公话亭。当时，安装的电话为投币式。若要使用，需购买电话公司一种特制的铜制角币。电话公司不得不登报宣传，呼吁市民将他们手中多余的角币到公司调换现钞。这类投币式电话机，一直使用到新中国成立前夕。

上海最早的查号台是1910年由英商华洋德律风公司开设的。那时的电话查询台，外国人拨“499”，中国人拨“599”。1932年美商上海电话公司取代了英商公司，并新开设“09”查号台，专门聘用了话务员。当时电话使用对象还是以洋人居多，招聘的话务小姐不仅要会说流利的英语，而且必须仪态端庄，有一定的知识层次。话务小姐查号时，坐在高脚圆凳上，每两人使用一个旋转档夹。由于查号是用人工服务，翻档夹可以按笔画顺序和分类两种方法查找，但毕竟不是很方便。话务小姐就采用背号码的方法，用得最多的是谐音法，比如上海油漆厂“371212”，谐音就是“三趟漆一亮一亮”；食品一店“222777”，就是“来来来吃吃吃”。一个话务小姐最多能背出2 000多个电话号码，就像一本活的电话号簿。1932年，上海电话局开设“500”查号台。到1933年又先后改为“29”“109”“14”等。1924年上海华洋德律风公司推出“特别电话”服务——报告火灾只需拨动“7”字。美商上海电话公司经营时期，也有相应的称为“紧急电话”的服务，消防处、紧急救护车，均可拨打“00”。

▲ 1941 年上海男子在打电话

民国时期的上海分为华界、租界，租界又分为公共租界与法租界，一城三治，不但租界与华界的电话线路彼此不相通，就连租界与租界之间的线路也需要人工转接才能完成，电话的效率非常受限。从传统的托人报告火警，转变为电话报警，这一过程中，保险业起了不小的作用。旧上海第一家外资保险公司，英商怡和洋行开设的保险行，就包括了水险、火险和意外险等。到20世纪30年代，中国开办的保险公司也有30多家，其中多为银行投资开设。当时保险公司对投保的房产主开设的保单条款中会特别注明：倘火灾发生，要尽力对付，措施之一是及时向火政处报告。这更发挥了电话的重要作用，拨一两个号码，消防队能及时赶到，损失减少，又符合保险条款的要求。

电话在上海滩出现后，租界工部局也试图将其应用到警务中。在1900年的第一本电话号簿中，

▲ 1947 年上海弄堂口的传呼电话，正在打电话的男子

已经有老巡捕房的号码。以后陆续建立的戈登路巡捕房、静安寺巡捕房、老闸巡捕房等都拥有自己的电话号码。1929年，华洋德律风公司更从东方电器保安协会购买了盗警系统的产权和经营权，开办装置防盗设备的服务。当时，有两百多家用户安装了告警器，而且所有巡捕房都设置了记录器。

传呼电话亭成为信息集散地。一个电话连接着几百户人家上千口人，个人的隐私及悲喜都在此汇聚。设置在弄堂门口烟纸店里的公共电话，成为连接着这座城市神经的重要末梢。小小的电话传呼亭，有时也是一个关乎性命的地方。谁家里有人突发疾病，或是发生意外，都是靠电话亭第一时间叫来救护车。喜怒哀乐、红白喜事、生死无常，都于此默默传递。

图书在版编目(CIP)数据

江南风俗图录. 第4卷，车动马喧 / 仲富兰著.
上海 ：上海辞书出版社，2025. -- ISBN 978-7-5326-6242-5

Ⅰ. K892.45-64 ；F542.85-64

中国国家版本馆 CIP 数据核字第 20240CW100 号

“十四五”国家重点出版物出版规划项目
国家出版基金资助项目
上海文化发展基金会图书出版专项基金资助项目

江南风俗图录·第4卷·车动马喧

仲富兰　著

策划统筹	朱志凌	**题　　签**	邓　明
责任编辑	朱志凌	**篆　　刻**	潘方尔
特约编辑	钱　琼	**英文翻译**	唐玥芳
责任校对	左钟亮	**英文校译**	秦　悦
技术编辑	楼微雯	**图　　片**	均由作者提供
整体设计	零贰壹肆设计工作室		

出版发行　上海世纪出版集团
上海辞书出版社®(www.cishu.com.cn)
地　　址　上海市闵行区号景路159弄B座(邮政编码：201101)
印　　刷　南京爱德印刷有限公司
开　　本　787毫米×1092毫米　1/16
印　　张　16.5　插页5
字　　数　325 000
版　　次　2025年10月第1版　2025年10月第1次印刷
书　　号　ISBN 978-7-5326-6242-5/K·1267
定　　价　128.00元

《江南风俗图录（1840—1949）》（全十卷）

“十四五”国家重点出版物出版规划项目、国家出版基金资助项目《江南风俗图录（1840—1949）》（全十卷）立足近代风俗史与图像史研究的交叉领域，系统梳理百年间江南民间生活形态、民间文化传承及社会变迁轨迹，通过动态视角深入研究最普通、最普遍的民间日常生活的历史演进。作者仲富兰教授整合数十年积累和研究的图像史料，以图史互证为方法论，辅以大量民间竹枝词等风土纪事文献，全景式记录了近代中国社会生活的转型历程与多元民俗风貌，生动再现了市井生活的烟火气息。全书按风味饮食、服饰冠履、民居建筑、行旅交通、生产商贸、文教卫生、娱艺体育、人生礼仪、岁时乡情、生活信仰等主题分卷编纂。

全书辑录3 200余幅珍贵老照片、民俗画作等历史影像，以图像叙事为经，以风俗流变为纬，构建起一部立体化、可视化的江南民俗图谱。这些泛黄的影像既凝固了百年市井生活的瞬间，又以细腻笔触还原传统节庆场景，使读者得以直观把握江南地区岁时习俗、衣食住行、婚丧嫁娶等民俗的演化轨迹，较之纯文字叙事更具现场感染力。编纂体例上独创性地穿插历代江南竹枝词，实现朗朗上口的诗词文本与风俗史事互为映照。譬如以“妾在船头偷看郎，郎骑白马好风光”的竹枝词解读江南婚俗，既赋予学术论述以诗意美感，又通过民间话语补足了历史细节，使宏大叙事浸润日常肌理，彰显日常生活的本真状态。

从学术层面看，《江南风俗图录》突破了传统风俗史研究单一的文字叙述模式，开创了“图像+文献+文学”多元互证的研究范式，为我国地域民俗文化研究提供了新的方法，堪称融民俗文化、社会史、视觉文化研究于一体的江南民俗文化图谱，兼具学术开拓性与出版稀缺性价值。无论学术研究者、文化从业者或普通读者，都能从中领略江南千年文脉的深厚底蕴与独特审美。

《江南风俗图录 · 第 1 卷 · 饭稻羹鱼》

《江南风俗图录 · 第 2 卷 · 衣香鬓影》

《江南风俗图录 · 第 3 卷 · 深巷低窗》

《江南风俗图录 · 第 4 卷 · 车动马喧》

《江南风俗图录 · 第 5 卷 · 市井食货》

《江南风俗图录 · 第 6 卷 · 春生弦诵》

《江南风俗图录 · 第 7 卷 · 闲暇趣玩》

《江南风俗图录 · 第 8 卷 · 礼敬人生》

《江南风俗图录 · 第 9 卷 · 岁时乡愁》

《江南风俗图录 · 第10卷 · 春祈秋报》